キャッチ！
クッキー

ぎゅっ
キャッチ！
クッキー

面白い
イラストで
覚えやすい！

柴犬で覚える慣用句・ことわざ辞典

犬のことわざ

ことわざ58選

もくじ

体の部位で覚える！

よく使う慣用句

で覚《おぼ》える！

顔《かお》

柴犬《しばいぬ》には「キツネ顔《がお》」と「タヌキ顔《がお》」がある。基本《きほん》はクールでポーカーフェイス。

目《め》

キリッとつり上がった目《め》が特徴《とくちょう》。目《め》の上には白い眉《まゆ》のような模様《もよう》がある。

耳《みみ》

案外《あんがい》、耳《みみ》に感情《かんじょう》が表《あらわ》れる。普段《ふだん》ピンと立ち上がっているが嬉《うれ》しいと耳《みみ》が横《よこ》になる。

鼻《はな》

鼻《はな》は健康《けんこう》のバロメーター。しっとりツヤツヤと黒《くろ》いと良《よ》い。構《かま》ってほしい時《とき》に鼻《はな》でツンツンしてくる。

口《くち》

大きな口《くち》。普段《ふだん》は閉《と》じているが、嬉《うれ》しいと開《あ》けて笑《わら》ったように見える。威嚇《いかく》の時《とき》は牙《きば》を見せる。

体の部《ぶ》位《い》

頭《あたま》

頭《あたま》は丸《まる》く、真《ま》ん中《なか》でうっすら割《わ》れている。頭《あたま》を撫《な》でられるのが苦手《にがて》な柴犬《しばいぬ》は多《おお》い。

腰《こし》・尻《しり》

柴犬《しばいぬ》の醍醐味《だいごみ》の一つは「お尻《しり》」。毛が白く、尻尾《しっぽ》がくるりと上がっている。怖《こわ》い時は尾《お》っぽを下げる。

胸《むね》・腹《はら》

モフモフとした豊《ゆた》かなハト胸《むね》が特徴《とくちょう》。稀《まれ》に甘《あま》えんぼうの柴犬《しばいぬ》がいて腹《はら》を撫《な》でられたがる。

足《あし》

後《うし》ろ足《あし》は地面《じめん》を蹴《け》って走《はし》るパワーの源《みなもと》。時々《ときどき》、疲《つか》れると片《かた》足《あし》をピーンと伸《の》ばしたりする。

腕《うで》

腕《うで》にあたるのが前足《まえあし》。前足《まえあし》は先へ行《い》くほどにシュッと小さい。

頭《あたま》が下《さ》がる

意味

相手《あいて》を尊敬《そんけい》する。感心《かんしん》させられる。感謝《かんしゃ》する。

解説

お辞儀《じぎ》する動作《どうさ》が語源《ごげん》といわれている。相手《あいて》の頭《あたま》より自分《じぶん》の頭《あたま》を下に下《さ》げることで、相手《あいて》に対《たい》する敬意《けいい》や尊《そん》敬《けい》を表《あらわ》す動作《どうさ》を言葉《ことば》にしたもの。

銀次郎センパイ
ステキ
老犬になっても
朝夕の散歩を
欠かさないとは
頭が下がるね

頭《あたま》が固《かた》い

意味
一《ひと》つの考《かんが》えにこだわり、自由《じゆう》な考《かんが》え方《かた》ができない。融通《ゆうずう》がきかない。その場《ば》その場《ば》にあったやり方《かた》ができないという意味《いみ》。

【類義語《るいぎご》】 石頭《いしあたま》

解説
「頭《あたま》」は考《かんが》え方《かた》や思考《しこう》を意味《いみ》する。「固《かた》い」は頑《かたく》なという意味《いみ》で、こだわりが強《つよ》く、自分《じぶん》の考《かんが》え方《かた》を変《か》えることができない頑固《がんこ》な人に対《たい》して使《つか》う。

頭《あたま》を冷《ひ》やす

意味

興奮《こうふん》した気持《きも》ちを落《お》ち着《つ》かせ、冷静《れいせい》になる。

【対義語《たいぎご》】頭《あたま》から湯気《ゆげ》を立てる

解説

血《ち》が上って熱《あつ》くなった頭《あたま》を、冷《ひ》やした方《ほう》が冷静《れいせい》に物事《ものごと》を考《かんが》えられるということから。

頭《あたま》から水を浴《あ》びたよう

意味

突然《とつぜん》起《お》こった恐《おそ》ろしい出来事《できごと》に、驚《おどろ》き恐《おそ》れてぞっとすることの例《たと》え。

解説

語源《ごげん》は、突然《とつぜん》頭《あたま》から水をかけられた時《とき》にビックリして、驚《おどろ》く様子《ようす》から。突然《とつぜん》、頭《あたま》から水を浴《あ》びせられて嬉《うれ》しいことはない。

頭《あたま》から湯《ゆ》気《げ》を立《た》てる

意味 非常《ひじょう》に怒《おこ》るさま。かんかんになって怒《おこ》る様子《ようす》。

解説 頭《あたま》に血《ち》が上り、顔《かお》が真《ま》っ赤《か》になった状態《じょうたい》で怒《おこ》っている様子《ようす》が、まるで湯《ゆ》気《げ》を立《た》ち上《あ》がらせているほど熱《あつ》く見えることから。

エサを横取《よこど》りされたら、そりゃ誰《だれ》だって頭《あたま》から湯《ゆ》気《げ》を立てて怒《いか》るよ。

頭《あたま》を抱《かか》える

意味 悩《なや》み事《ごと》、心配事《しんぱいごと》などがあって考《かんが》えがまとまらず、困《こま》り果《は》てる。

解説 何《なに》か困《こま》ったことや悩《なや》んでいることがある時《とき》に、自分《じぶん》の頭《あたま》を両手《りょうて》で抱《かか》えるような動作《どうさ》から。

ペットのしつけに頭《あたま》を抱《かか》えているなんて、失礼《しつれい》しちゃうよ。

頭《あたま》を掻《か》く

意味 失敗《しっぱい》を恥《は》ずかしく思ったり、はにかんだりする。

解説 何《なに》か恥《は》ずかしいことがあった時《とき》や、照《て》れてしまった時《とき》に、何《なん》となく頭《あたま》を掻《か》く行動《こうどう》をすることから。

頭《あたま》を掻《か》くってことは、もっと成長《せいちょう》できるっていう証《あかし》だね！

頭《あたま》が痛《いた》い

意味 心配事《しんぱいごと》や問題《もんだい》に対《たい》し、苦《くる》しみ悩《なや》んでいる。

解説 頭《あたま》をぶつけたり、風邪《かぜ》をひいたりしても頭《あたま》が痛《いた》くなるが、慣用句《かんようく》で使《つか》う場合《ばあい》は外《そと》からきた痛《いた》みではなく、精神的《せいしんてき》な悩《なや》みからきた頭《あたま》の痛《いた》さを指《さ》す。

骨《ほね》をすぐ食《た》べるべきか、とっておくべきか頭《あたま》が痛《いた》いよ。

頭《あたま》が切《き》れる

意味 何《なに》かが起《お》きた時《とき》、問題《もんだい》を素早《すばや》く解決《かいけつ》できる。頭《あたま》の回転《かいてん》が速《はや》い。

解説 考《かんが》える力が刃物《はもの》のように鋭《するど》いことから。ちなみに突然怒《とつぜんおこ》り出《だ》すことも「キレる」と言《い》うが、それは別《べつ》のこと。

柴犬《しばいぬ》は他《ほか》の犬みたいに芸《げい》はあまりしないけど、頭《あたま》が切《き》れるんだ。

頭《あたま》にくる

意味 怒《いか》りなどで頭《あたま》に血《ち》が上る。かっとなる。

解説 怒《いか》りが湧《わ》いてきて、脈拍《みゃくはく》が上がり、頭《あたま》の血流《けつりゅう》が増《ふ》え、カーッと熱《あつ》くなるような状態《じょうたい》。

野良猫《のらねこ》にバカにされて、すごく頭《あたま》にくる！

頭《あたま》を切《き》り替《か》える

意味 それまでの考《かんが》え方《かた》を捨《す》て、別《べつ》の考《かんが》え方《かた》や手法《しゅほう》に変《か》える。

解説 一度《いちど》考《かんが》えるのをやめて頭《あたま》の中身《なかみ》を丸《まる》ごと取《と》り替《か》えないと、なかなか考《かんが》えを変《か》えられない。

上手《うま》くおやつをもらえなかった時《とき》は、頭《あたま》を切《き》り替《か》えておねだりしないとね。

耳《みみ》が早《はや》い

意味
ニュースや噂話《うわさばなし》を、他《ほか》の人よりも早く知《し》っている。

解説
音《おと》を聞《き》くために使《つか》っているのが耳《みみ》。「聞《き》きつける」道具《どうぐ》ともいえる耳《みみ》を使《つか》って比《ひ》喩的《ゆてき》に表《あらわ》している。

耳《みみ》が痛《いた》い

意味

他人《たにん》から自分《じぶん》の弱点《じゃくてん》などを指摘《してき》されて、聞《き》くのが辛《つら》いこと。

解説

自分《じぶん》の間違《まちが》いを聞《き》くのは辛《つら》いもの。辛《つら》いと痛《いた》いはかなり近《ちか》い感覚《かんかく》のため、嫌《いや》なことを聞《き》くと耳《みみ》が痛《いた》いように感《かん》じるという例《たと》え。

またオシッコもらしたね
毎日同じこと言われて耳が痛いよ……

耳《みみ》を傾《かたむ》ける

意味

聞《き》き逃《のが》しなどのないように注意《ちゅうい》して聞《き》く。熱心《ねっしん》に聞《き》く。

【類義語《るいぎご》】耳《みみ》を貸《か》す、耳《みみ》を澄《す》ます

解説

音《おと》がする方《ほう》に耳《みみ》を向《む》ける犬や猫《ねこ》と違《ちが》って、人間《にんげん》は耳《みみ》だけ向《む》きを変《か》えることはできないが、人間《にんげん》も相手《あいて》の言《い》うことを一生懸命《いっしょうけんめい》に聞《き》こうとすると、そちらに体《からだ》が向《む》いたり、体《からだ》を乗《の》り出《だ》したりすることから。

ゴハンの時間が
近づいているので、
台所に耳を傾けて
いる2匹であった。
ドッグフード
※「ゴハンよー」の声を待っている

耳《みみ》を疑《うたが》う

意味

予想《よそう》もできなかったことを聞《き》き、信《しん》じられない。聞《き》き間違《まちが》えたのではないかと疑《うたが》う。

解説

文字通《もじどお》り、自分《じぶん》の耳《みみ》に対《たい》して疑《うたが》いを持《も》つこと。本当《ほんとう》かどうか怪《あや》しいと思《おも》うことに由来《ゆらい》する。

○○犬猫病院
いつもの散歩だと思ったら予防注射とは寝耳に水だよ！

寝《ね》耳《みみ》に水

ことわざ

意味
予想《よそう》もしていないことに、すごく驚《おどろ》くこと。

【類義語《るいぎご》】青天《せいてん》のへきれき、やぶから棒《ぼう》

解説
もし寝《ね》ている時、ふいに耳《みみ》に水が入ったら「どこから？何故《なぜ》？」と驚《おどろ》くに違《ちが》いない。

小《こ》耳《みみ》に挟《はさ》む

意味

ちらっと聞《き》く。聞《き》くつもりはなかったが、偶然《ぐうぜん》ちらりと聞《き》く。

解説

「小」は「ちょっと」を意味《いみ》する。「挟《はさ》む」は通常《つうじょう》はサンドイッチなどで具《ぐ》をパンに挟《はさ》むなどで使《つか》われるが、ここでは耳《みみ》に入ってきた、つまり聞《き》いたことを表《あらわ》す。

耳《みみ》を揃《そろ》える

意味
お金や品物《しなもの》を、必要《ひつよう》な分だけきっちり揃《そろ》えて用意《ようい》しておく。

解説
昔《むかし》のお金、大判《おおばん》、小判《こばん》の縁《へり》を揃《そろ》える様子《ようす》。食パンの縁《ふち》を「耳《みみ》」というように、縁《ふち》は耳《みみ》に例《たと》えられることがある。

借《か》りたお金はちゃんと耳《みみ》を揃《そろ》えて返《かえ》してもらおうか！って言《い》ってみたい。

耳《みみ》を貸《か》す

意味
相手《あいて》の話や相談事《そうだんごと》を聞《き》いてあげる。

解説
耳《みみ》を相手《あいて》に貸《か》してあげる、つまり聞《き》いてあげるという意《い》味《み》。体を「貸《か》す」という表現《ひょうげん》は他《ほか》にも多く「顔を貸《か》す」「手を貸《か》す」「胸《むね》を貸《か》す」などがある。

悩《なや》み事《ごと》やグチなら僕《ぼく》にいいなよ。いつでも耳《みみ》を貸《か》すよ。

耳《みみ》に入《い》れる

意味
話《はなし》を聞《き》かせる。情報《じょうほう》などを知《し》らせる。聞《き》いて知《し》る。

解説
耳《みみ》の中に情報《じょうほう》や話《はなし》を入《い》れるという表現《ひょうげん》。

近《ちか》くに公園《こうえん》ができたらしいよ。とりあえず耳《みみ》に入《い》れておくね。

耳《みみ》にたこができる

意味
何度《なんど》も同《おな》じことを聞《き》かされて、うんざりする。

解説
文字を書《か》き続《つづ》けた時《とき》には指《ゆび》に、歩《ある》き続《つづ》けた時《とき》には足の裏《うら》にたこができることから、同《おな》じ話《はなし》を聞《き》かされ続《つづ》けて耳《みみ》にたこができるという例《たと》え。

その自慢話《じまんばなし》は耳《みみ》にたこができるくらい何度《なんど》も聞《き》かされたよ。

顔《かお》が売《う》れる

意味

有名《ゆうめい》になる、広《ひろ》く知《し》られる。世間《せけん》に広《ひろ》く知《し》られるようになる。

【類義語《るいぎご》】顔《かお》が広《ひろ》い

解説

「顔《かお》」はその人自体《じたい》を指《さ》し、「売《う》れる」は物《もの》がたくさん売《う》れることで、たくさんの人に顔《かお》が知《し》られて人気《にんき》が出るという意味《いみ》。顔《かお》を売《う》ると言《い》うと、その人が有名《ゆうめい》になるように売《う》り込《こ》むという意味《いみ》。

キャー
キャー
LOVE
ハナさんですね
サインください
フン
なによ
SNSを始めて顔が売れたハナはドッグランの人気者になった。

顔《かお》が広《ひろ》い

意味

おおぜいの人と知《し》り合《あ》いである。多《おお》くの人と付《つ》き合《あ》いがある。

【類義語《るいぎご》】顔《かお》が売《う》れる

解説

たくさんの人と交流《こうりゅう》があり、その「顔《かお》」が色々なところに知《し》れ渡《わた》っている、広範囲《こうはんい》に行《い》き渡《わた》っていること。

顔《かお》を出《だ》す

意味
姿《すがた》を見せる。挨拶《あいさつ》に行《い》く。訪問《ほうもん》する。集《しゅう》会《かい》や会合《かいごう》に出席《しゅっせき》する。

【類義語《るいぎご》】顔《かお》を見せる

解説
自分の存在《そんざい》を見せるために、ある場所《ばしょ》に姿《すがた》を見せること。

顔《かお》に泥《どろ》をぬる

意味

恥《はじ》をかかせる。名誉《めいよ》を傷《きず》つける。面目《めんぼく》を失《うしな》わせる。顔《かお》をよごす。

【類義語《るいぎご》】顔《かお》を潰《つぶ》す

解説

「顔《かお》」はその人自身《じしん》を表《あらわ》す。その顔に汚《きたな》い泥《どろ》を塗《ぬ》るということは、相手《あいて》の面目《めんぼく》を傷《きず》つけ、恥《はじ》をかかせるという意味《いみ》。

涼《すず》しい顔《かお》

意味

自分《じぶん》にも関係《かんけい》があるのに、他人事《たにんごと》のように知《し》らん顔《かお》をしている様子《ようす》。

解説

当事者《とうじしゃ》でありながら無関係《むかんけい》であるかのように、汗《あせ》ひとつかかずに平然《へいぜん》としている様子《ようす》から生まれた言葉《ことば》。

顔《かお》を潰《つぶ》す

意味

合《あ》わせる顔《かお》がなくなる。世間《せけん》に対《たい》する名誉《めいよ》を失《うしな》わせる。面《めん》目《ぼく》を失《うしな》わせる。

【類義語《るいぎご》】顔《かお》に泥《どろ》をぬる

解説

「顔《かお》」は面目《めんぼく》、名誉《めいよ》の意味《いみ》。「潰《つぶ》す」は、ダメにすること。

ご主人《しゅじん》の顔《かお》を潰《つぶ》さないように、ちゃんと散歩《さんぽ》中のマナーは守《まも》るよ。

顔《かお》向《む》けできない

意味

恥《は》ずかしくて、人に会《あ》えない。面目《めんぼく》がない。

【類義語《るいぎご》】合《あ》わせる顔《かお》がない

解説

恥《はじ》や申《もう》し訳《わけ》ないという感情《かんじょう》が強《つよ》すぎて、面《めん》と向《む》かって会うことができない、相手《あいて》の目を見ることもできないこと。

人に顔《かお》向《む》けができないことだけは、しちゃいけないね。

顔《かお》を立《た》てる

意味

世間《せけん》に対《たい》して、相手の面目《めんぼく》や体面《たいめん》が保《たも》たれるようにする。

【類義語《るいぎご》】花を持たせる

解説

「顔《かお》」は面目《めんぼく》。「立《た》つ」は、そのままを保《たも》つという意味《いみ》。

ドロボーが来《こ》なければ、僕《ぼく》も番犬《ばんけん》として顔《かお》が立《た》つな。

顔《かお》が利《き》く

意味

よく知《し》られていて信用《しんよう》があるため、相手《あいて》にムリを言ってもきいてもらえる。特別《とくべつ》に融通《ゆうずう》してもらえる。

解説

「利《き》く」とは、その人の評判《ひょうばん》が効果《こうか》を発揮《はっき》するということ。

あの公園《こうえん》で僕《ぼく》は顔《かお》が利《き》くから、きっと誰《だれ》かにおやつがもらえるよ。

顔《かお》から火《ひ》が出《で》る

意味 恥《は》ずかしくて顔《かお》が赤くなる。**【類義語《るいぎご》】顔《かお》を赤らめる**

解説 恥《は》ずかしい時《とき》は、顔《かお》から火が出たように真《ま》っ赤《か》で熱《あつ》くなることから。

みんなの前《まえ》で大失敗《だいしっぱい》しちゃった。顔《かお》から火《ひ》が出《で》る思《おも》いがしたよ。

顔《かお》を貸《か》す

意味 他人《たにん》から頼《たの》まれて、人に会《あ》ったり、人前《ひとまえ》に出たりする。

解説 顔《かお》を相手《あいて》に貸《か》してあげる。つまりその人自身《じしん》を貸《か》す、人に会《あ》う、人前《ひとまえ》に出ることから、顔《かお》を貸《か》すという表現《ひょうげん》になった。

今度《こんど》、犬の集会《しゅうかい》があるんだ。ちょっと顔《かお》を貸《か》してくれないかな？

顔《かお》色《いろ》をうかがう

意味 相手《あいて》の顔《かお》の様子《ようす》によってその心《こころ》の動《うご》きを知《し》ろうとする。相手《あいて》のきげんの良《よ》し悪《あ》しを見る。

解説 「うかがう」は様子《ようす》をそっと探《さぐ》るという意味《いみ》。

泥遊《どろあそ》びの後《あと》、お母《かあ》さんの顔色《かおいろ》をうかがいながら部屋《へや》に入ったよ。

目《め》が肥《こ》える

意味

優《すぐ》れたものを何度《なんど》も見て、価値《かち》を見分《みわ》ける力がついていること。

【類義語《るいぎご》】 目《め》が利《き》く、目《め》が高《たか》い

解説

目《め》は、「物《もの》の価値《かち》を見抜《みぬ》くこと」を表《あらわ》す。「肥《こ》える」は豊《ゆた》かさを表《あらわ》し、多《おお》くの経験《けいけん》を持《も》つことを指《さ》す。経験《けいけん》によって良《よ》いものと悪《わる》いものを見分《みわ》けられる力がつくこと。「舌《した》が肥《こ》える」は味《あじ》の違《ちが》いが分《わ》かるという意味《いみ》。

目《め》に入《い》れても痛《いた》くない

意味

ものすごく可愛《かわい》がっている。子どもや孫《まご》を溺愛《できあい》する例《たと》え。

解説

目《め》の中にものが入れば些細《ささい》なものでも痛《いた》いが、それすらも痛《いた》くないと思えるほどずっと近くで見ていたく、可愛《かわい》くてたまらない様《さま》を表現《ひょうげん》したもの。

目《め》を皿《さら》のようにする

意味
物《もの》を探《さが》す時《とき》や、何《なに》かに驚《おどろ》いた時《とき》などに、目《め》を大きく見開《みひら》く。

【類義語《るいぎご》】目《め》を丸《まる》くする

解説
目《め》を大きく見開《みひら》くとまん丸《まる》になることから、丸いお皿《さら》のようだと例《たと》えた言葉《ことば》。

みんな同じに見えるけど…
これが一番大きいぞ！
目を皿のようにすれば見つけられるよ
回転寿司
回転寿司
回転寿司

目《め》に浮《う》かぶ

意味
目《め》の前《まえ》にはない様子《ようす》や姿《すがた》を、実際《じっさい》に見ているかのように思《おも》い浮《う》かべることができる。

解説
「目《め》」は見ることを表《あらわ》し、「浮《う》かぶ」は、心《こころ》の中に上がってくるという意味《いみ》。その情景《じょうけい》がまるで見えているように感《かん》じられること。

目《め》が利《き》く

意味
物事《ものごと》の良《よ》い・悪《わる》いを見極《みきわ》める力が優《すぐ》れていること。
【類義語《るいぎご》】 目《め》が肥《こ》える、目《め》が高《たか》い、目利《めき》き

解説
「利《き》く」は、よく働《はたら》くという意味《いみ》。目《め》という見る機能《きのう》の力《ちから》を十分《じゅうぶん》に発揮《はっき》する。

目《め》が利《き》く人って、買《か》い物《もの》で得《とく》するね。

目《め》が高《たか》い

意味
物《もの》の価値《かち》を見極《みきわ》める力を持《も》っていること。
【類義語《るいぎご》】 目《め》が利《き》く

解説
偉《えら》い人は高い位置《いち》にいる、というニュアンスがある。相手《あいて》の本物《ほんもの》を見極《みきわ》める能力《のうりょく》に敬意《けいい》を表《あらわ》している表現《ひょうげん》。

たくさんあるオモチャの中からコレを選《えら》ぶとは、お目《め》が高《たか》い！

目《め》が点《てん》になる

意味
びっくりする。あっけにとられる。

解説
漫画《まんが》で驚《おどろ》いた感《かん》情《じょう》を表《あらわ》す時《とき》に、目《め》を点《てん》のように描《えが》く。

ハイ、オヤツ…
バシ！
目の前でトンビにオヤツをさらわれて目が点になったよ

目《め》が眩《くら》む

意味 強《つよ》い光《ひかり》で目《め》が見えにくくなる。欲《よく》に心《こころ》を奪《うば》われて判断《はんだん》力がなくなる。

解説 目《め》が見えにくくなると、ちゃんと見たりできず、正しい判《はん》断《だん》ができなくなるため。

思《おも》わず目《め》が眩《くら》んで、道《みち》に落《お》ちていたソーセージを食《た》べちゃった。

目《め》が覚《さ》める

意味 迷《まよ》いがなくなり、本来《ほんらい》の進《すす》むべき道《みち》に戻《もど》る。

解説 それまで心の迷《まよ》いで自覚《じかく》しておらず、眠《ねむ》っていたところから急《きゅう》に目覚《めざ》めたような感覚《かんかく》を指《さ》す。他《ほか》にも、美《うつく》しさにハッとする時などにも使《つか》う。

目《め》が覚《さ》めるのは、いつからだって遅《おそ》くないよね。

目《め》が届《とど》く

意味 注意《ちゅうい》や監督《かんとく》が行《い》き渡《わた》る。

解説 注意《ちゅうい》する時《とき》にはよく見るため、見たい場所《ばしょ》まで目《め》が届《とど》くという表現《ひょうげん》。

目《め》が届《とど》くようにしている方《ほう》も大変《たいへん》だよね。

目《め》がない

意味 思《おも》わず夢中《むちゅう》になってしまうほど好《す》きである。

解説 「甘《あま》いものに目《め》がない」と言《い》う場合《ばあい》は「甘《あま》いものがとても好《す》きだ」という意味《いみ》で、目《め》が見えなくなるほど好《す》きということ。

お母《かあ》さんはケーキに目《め》がないんだ。

目《め》からうろこが落《お》ちる

意味 あることをきっかけに、今《いま》まで分《わ》からなかったことが急《きゅう》に分《わ》かるようになること。

解説 目《め》に魚《さかな》のうろこが入っていたら何《なに》も良《よ》く見えないが、うろこが落《お》ちたら良《よ》く見えるようになるため。

成功《せいこう》するまでやれば失敗《しっぱい》なんてないね！ 目《め》からうろこが落《お》ちたよ。

目《め》くじらを立《た》てる

意味 些細《ささい》なことにとても怒《おこ》る。他人《たにん》を非難《ひなん》する。

【類義語《るいぎご》】 目を三角《さんかく》にする

解説 目《め》くじらとは目尻《めじり》の意味《いみ》。鯨《くじら》とは関係《かんけい》ない。怒《おこ》った時《とき》に目《め》尻《じり》が吊《つ》り上《あ》がる表情《ひょうじょう》から。

小さな失敗《しっぱい》にイチイチ目《め》くじらを立《た》てる方《ほう》がどうかしているね。

目《め》と鼻《はな》の先《さき》

意味 二つの場所《ばしょ》の距離《きょり》がとても近《ちか》い様子《ようす》。

解説 顔《かお》の中で、目《め》と鼻《はな》の間《あいだ》は、とても近《ちか》く隣《とな》り合《あ》わせにあることから。

遠《とお》い？ 家《いえ》から駅《えき》までは目《め》と鼻《はな》の先《さき》だよ。

目《め》に余《あま》る

意味 物事《ものごと》の程度《ていど》がひどすぎて、無視《むし》できない。

解説 悪《わる》いことが多《おお》すぎて見すごすことができないため。

自分《じぶん》の都合《つごう》ばっかり考《かんが》えている人は目《め》に余《あま》るよ。

目《め》の色《いろ》を変《か》える

意味

怒《おこ》ったり、驚《おどろ》いたり、熱中《ねっちゅう》したりして、目《め》つきが変《か》わる様子《ようす》。

解説

興奮《こうふん》すると、目《め》が血走《ちばし》ったり、瞳孔《どうこう》が閉《し》まって虹彩《こうさい》が大きくなったりして目《め》の色《いろ》が変《か》わったように見えることから。

僕《ぼく》のお母《かあ》さんはケーキの話《はなし》になると目《め》の色《いろ》が変《か》わるんだ。

目《め》の敵《かたき》にする

意味

誰《だれ》かのことをやたらと嫌《きら》い、敵視《てきし》する。

解説

視線《しせん》の先にある憎《にく》んでいる相手《あいて》の顔《かお》を見ると、めざわりで、さらに憎《にく》らしい敵《てき》のように思《おも》えることから。

目《め》の敵《かたき》にするより、気にしない方《ほう》がいいね。

目《め》は口《くち》ほどに物《もの》を言《い》う

意味

目《め》つきで気持《きも》ちがよく分かる。

解説

目《め》は口で話《はな》すのと同《おな》じくらい、気持《きも》ちを伝《つた》えるという意味《いみ》。目《め》には感情《かんじょう》が表《あらわ》れる。言葉《ことば》では嘘《うそ》をついてごまかすことができても、目《め》は嘘《うそ》をつくことができないということ。

メラメラ
ハナちゃん今日もかわいいね
目がこわい
目は口ほどに物を言うからね

目《め》も当《あ》てられない

意味
あまりにもひどくて、かわいそうで見ていられないこと。

解説
「当《あ》てる」は直面《ちょくめん》させる、という意味《いみ》。目《め》に直面《ちょくめん》させることができない、つまり見ていられないという意味《いみ》になる。

もし目《め》も当《あ》てられないほどひどい結果《けっか》でも、次《つぎ》があるさ！

目《め》もくれない

意味
全《まった》く見ない。意識《いしき》しない。少しの興味《きょうみ》・関心《かんしん》も示《しめ》さない。

解説
「目《め》もくれない」は、目線《めせん》をくれない、視線《しせん》すら与《あた》えないことで、見向《みむ》きもしないということ。

あの子はゲーム以外《いがい》のことには目《め》もくれない！ってお母《かあ》さんが嘆《なげ》いていたよ。

目《め》を白黒《しろくろ》させる

意味
慌《あわ》てる様子《ようす》。

解説
苦《くる》しさのあまり目玉《めだま》を激《はげ》しく動《うご》かして、白目《しろめ》になったり黒目《くろめ》になったりする様子《ようす》から。

まんじゅうを一度にほおばったポチは、のどにつまらせて目を白黒させた。

目《め》を光《ひか》らす

ゴハンの量を
ごまかされないように
目を光らせて
いなくちゃ
DOG FOOD

意味
不正《ふせい》などがないように、注意《ちゅうい》して見張《みは》る。

解説
怪《あや》しいと睨《にら》んで、厳重《げんじゅう》に見張《みは》りをすることを、眼光鋭《がんこうするど》く見るともいう。よく見ているので、瞳《ひとみ》が輝《かがや》いているように見える。

目《め》を疑《うたが》う

意味
見たものが信《しん》じられない。信《しん》じられないほど不思議《ふしぎ》で意外《いがい》なこと。

解説
あまりに驚《おどろ》いて、自分の目《め》で見たことが信《しん》じられず、目《め》が悪《わる》くて見間違《みまちが》ったのではと疑《うたが》う。

こんなにたくさん水があるなんて…
自分《じぶん》の目《め》を疑《うたが》ったよ。

目《め》を丸《まる》くする

意味
驚《おどろ》いて目《め》を見開《みひら》く。驚《おどろ》いて目《め》を見張《みは》る。

【類義語《るいぎご》】 目を皿《さら》のようにする

解説
人は予想外《よそうがい》のことが起《お》こると通常《つうじょう》よりも目《め》を開《ひら》くため、目《め》を丸《まる》くするという表現《ひょうげん》になった。

キャッチ！
老犬、銀次郎のジャンプカに
みんな目を丸くした。

目《め》をつぶる

意味
人の失敗《しっぱい》や欠点《けってん》を見なかったことにする。知《し》っていて知《し》らないふりをする。

解説
自分の意思《いし》であえて見ないようにして、見逃すことから。

あーあ、トイレ失敗《しっぱい》しちゃった。お母《かあ》さん今回《こんかい》だけは目《め》をつぶってよ。

目《め》を掛《か》ける

意味
かわいがる。気にかける。ひいきにする。世話《せわ》をする。

解説
権威《けんい》のある人が特定《とくてい》の人物《じんぶつ》を気に入り意識的《いしきてき》に関《かか》わること。やさしい気持《きも》ちで見守《みまも》ること。

一生懸命《いっしょうけんめい》に頑張《がんば》っている人には目《め》を掛《か》けたくなるものだよね。

目《め》を配《くば》る

意味　見落《みお》としがないように、あちこち注意《ちゅうい》して見る。

解説　「配《くば》る」はプリントを配《くば》るというように行《い》き渡《わた》らせるの意《い》味《み》。目《め》をあちこちに配《くば》り、視線《しせん》をいろんなところに行《い》き渡《わた》らせる。

いつも多《おお》くの生徒《せいと》たちに目《め》を配《くば》っている先生ってスゴイ！

目《め》を付《つ》ける

意味　関心《かんしん》を持《も》って注意《ちゅうい》を向《む》け、様子《ようす》を見る。

解説　目《め》をくっつけて、離《はな》れない状態《じょうたい》にするくらい、よく見ている。

前々《まえまえ》から目《め》を付《つ》けていた場所《ばしょ》に行《い》ってみたら、すごく良《よ》かったよ。

目《め》を細《ほそ》める

意味　嬉《うれ》しそうに見る。顔中《かおじゅう》にほほえみを浮《う》かべる。

解説　本当《ほんとう》に嬉《うれ》しくて心《こころ》から笑《わら》う時《とき》、目《め》が細《ほそ》くなるため。

ご主人《しゅじん》の隣《となり》で嬉《うれ》しそうに目《め》を細《ほそ》めてるね、って言《い》われるけど、そうかな？

目《め》を盗《ぬす》む

意味 人に見つからないように、こっそりする。

解説 周《まわ》りの人の視線《しせん》を盗《ぬす》むように、人に知《し》られないように秘《ひそ》かに自分のために上手《うま》くやること。

先生の目《め》を盗《ぬす》んで居眠《いねむ》りした、と思ってても大抵《たいてい》バレてるよ。

目《め》を見張《みは》る

意味 驚《おどろ》きや感心《かんしん》から、目《め》を大きく見開《みひら》く。

解説 驚《おどろ》いた時《とき》の、目《め》を大きく開《ひら》いて見る、見開《みひら》いて見る様子《ようす》から。

お姉《ねえ》ちゃんのピアノの上達《じょうたつ》ぶりには目《め》を見《み》張《は》るものがあるよ。

大目《おおめ》に見《み》る

意味 人の過失《かしつ》や悪《わる》いところなどを許《ゆる》す。

解説 「大目《おおめ》」とは、大雑把《おおざっぱ》に見積《みつ》もること。間違《まちが》いも大雑把《おおざっぱ》に見れば気にならない。

多少《たしょう》の失敗《しっぱい》は大目《おおめ》にみた方《ほう》が、人生《じんせい》ラクに生きられるね。

長《なが》い目《め》で見《み》る

意味 現状《げんじょう》だけではなく、将来《しょうらい》も見通《みとお》し、気長《きなが》に見守《みまも》る。

解説 すぐに結果《けっか》を求《もと》めず、長《なが》い時間《じかん》で考《かんが》え、見通《みとお》すこと。

成長《せいちょう》には時間《じかん》がかかるもの。もっと長《なが》い目《め》で見《み》てよ。

鼻《はな》であしらう

意味
相手《あいて》の言葉《ことば》に取《と》り合《あ》わず、ばかにして冷《つめ》たい対応《たいおう》をする。

解説
相手《あいて》を見下《みくだ》したように、ろくに返事《へんじ》もしないで冷《つめ》たくあしらう時《とき》、鼻《はな》で「フン」と受《う》け答《こた》えするため。

飼い主を鼻であしらうポチであった。

鼻《はな》が利《き》く

意味

敏感《びんかん》でいい物《もの》を見つけ出すことなどが上手《うま》い。

解説

「利《き》く」とはよく動《うご》き、よく働《はたら》くこと。また、嗅覚《きゅうかく》が鋭《するど》いという意味《いみ》でも使《つか》われる。

鼻《はな》息《いき》が荒《あら》い

意味　意気込《いきご》みが激《はげ》しい。

解説　興奮《こうふん》すると鼻《はな》でする息遣《いきづか》いが激《はげ》しくなるため。

早く
ボール投げて！
ボールを
前にすると
鼻息が
荒くなるね

鼻《はな》が高《たか》い

意味　誇《ほこ》らしい気持《きも》ち、立派《りっぱ》である。得意《とくい》になる様子《ようす》。

解説　鼻《はな》っ柱《ぱしら》が高《たか》い意《い》から。また、自信《じしん》がある時《とき》は顔《かお》が上を向《む》き、鼻《はな》が高《たか》く見えるため。

おりこうな
ワンちゃん
ですね！
ほめてもらって
私も鼻が
高いわ

あっ、また
お薬だけ
残してる！
フフン
このくらい
朝メシ前さとばかりに
鼻で笑う
ポチであった。

鼻《はな》で笑《わら》う

意味　バカにして笑《わら》う。相手《あいて》を見下《みくだ》してあざけり笑《わら》う。

解説　相手《あいて》を見下した時《とき》に、鼻《はな》でフッと笑《わら》う様子《ようす》から。

鼻《はな》に掛《か》ける

意味 自慢気《じまんげ》に威張《いば》る。自慢《じまん》する。得意《とくい》がる。

解説 鼻《はな》はその人の誇《ほこ》りや自慢《じまん》の象徴《しょうちょう》になることが多い。

あまりお金持《かねも》ちなことを鼻《はな》に掛《か》けると嫌《きら》われるよ。

鼻《はな》に付《つ》く

意味 飽《あ》きて嫌《いや》になる。人の振《ふ》る舞《ま》いなどが嫌《いや》みに感《かん》じられる。

解説 嫌《いや》な匂《にお》いが鼻《はな》につきまとって不快《ふかい》に思うことから。

何故《なぜ》か話《はな》し方《かた》が鼻《はな》に付《つ》く人っているよね。

鼻《はな》を明《あ》かす

意味 相手《あいて》を出《だ》し抜《ぬ》き、驚《おどろ》かせる。【類義語《るいぎご》】ひとあわふかせる

解説 ちょっとした戦略《せんりゃく》や意外《いがい》な行動《こうどう》で敵《てき》やライバルなどを出《だ》し抜《ぬ》いたり驚《おどろ》かせたりすること。

あの嫌《いや》なヤツの鼻《はな》を明《あ》かす！と思えば、頑張《がんば》れるかも。

鼻《はな》を突《つ》き合《あ》わせる

意味 近くに寄《よ》る。狭《せま》い場所《ばしょ》に一緒《いっしょ》にいる。

解説 「突《つ》き合《あ》わせる」は2つのものを近づけて向《む》かい合うという意味《いみ》。

開《あ》いた口《くち》が塞《ふさ》がらない

意味

相手《あいて》の行動《こうどう》や態度《たいど》などに驚《おどろ》き、呆《あき》れ返《かえ》って物《もの》が言《い》えない。

解説

相手《あいて》の言動《げんどう》に呆《あき》れて驚《おどろ》くと口《くち》が開《あ》いたままになることから、その時《とき》の顔《かお》の表情《ひょうじょう》をそのまま表《あらわ》している。

口

……
ドドド
ドドド
ドドド
散歩後の謎のダッシュに
開いた口がふさがらない
お兄ちゃん

口《くち》が軽《かる》い

意味

言《い》ってはいけないことをすぐに人にしゃべる。秘密《ひみつ》などを軽々《かるがる》しく話《はな》してしまう。

【対義語《たいぎご》】口《くち》が堅《かた》い

解説

口《くち》から出る言葉《ことば》が軽《かる》い、つまりすぐに何《なん》でも話《はな》してしまうという意味《いみ》。

ペラ
ペラ
ハナがまたおもらししたのよ
ペラ
よその人に言わないでよ!
アハハ
口が軽い飼い主を持つと大変…

口《くち》が堅《かた》い

意味

秘密《ひみつ》を軽々《かるがる》しく他《ほか》の人に漏《も》らさない。

【対義語《たいぎご》】口《くち》が軽《かる》い

解説

口《くち》は、話《はな》すことを表《あらわ》す。堅《かた》いは意志《いし》が強《つよ》く他《ほか》に屈《くっ》しない様子《ようす》を表《あらわ》す。口《くち》を堅《かた》くつぐんで秘密《ひみつ》を話《はな》さないこと。

この貝のようにお母さんにも口が堅い人になってほしいものだわ
……

口《くち》が滑《すべ》る

意味

言《い》ってはいけないことをついうっかり話《はな》してしまう。

解説

口《くち》がつるっと滑《すべ》って、調子《ちょうし》にのって話《はな》してしまう。

口

あら、ポチくん太ったね
うん、でもお母さんなんか3kgも太ったんだよ

ついロが滑ったポチだった。

口《くち》は災《わざわ》いの元

ことわざ

意味

うっかり話《はな》したことが災難《さいなん》になる。言葉《ことば》はつつしむべきである。

解説

自分《じぶん》の話《はな》したことで、自分自身《じぶんじしん》に災《わざわ》い（トラブル）が起《お》こることもあるので、余計《よけい》なことは言《い》わない方《ほう》がいいという教《おし》え。

口《くち》を尖《とが》らせる

意味　唇《くちびる》を突《つ》き出《だ》し、不満《ふまん》を表情《ひょうじょう》にだす。

解説　怒《おこ》ったり、言《い》い争《あらそ》ったりするときに唇《くちびる》を前《まえ》に出《だ》して尖《とが》らせることから。

ムッとして口《くち》を尖《とが》らせてばかりいると、みんな離《はな》れていっちゃうよ。

良薬《りょうやく》は口《くち》に苦《にが》し

ことわざ

意味　自分《じぶん》のためになる忠告《ちゅうこく》こそ聞《き》きにくい。

解説　良《よ》い薬《くすり》は苦《にが》くて飲《の》みにくいが、病気《びょうき》のためにはよく、効《き》き目《め》がある。過《あやま》ちを指摘《してき》し、忠告《ちゅうこく》してくれる言葉《ことば》は苦々《にがにが》しく聞《き》きにくいが、本人《ほんにん》のためになるという例《たと》え。

親《おや》の厳《きび》しい言葉《ことば》は、良薬口《りょうやくくち》に苦《にが》し、と思《おも》ってみて。きっと後《あと》で役《やく》に立つはず。

口《くち》が酸《す》っぱくなる

意味　同《おな》じことを何度《なんど》も言《い》う。何度《なんど》も繰《く》り返《かえ》し忠告《ちゅうこく》する。

解説　たくさん喋《しゃべ》った時《とき》に口《くち》の中にたくさん唾液《だえき》が溜《た》まり、まるで酸《す》っぱいものを食《た》べた時《とき》と同《おな》じようになるため。

口《くち》が酸《す》っぱくなるほど言《い》い聞《き》かせても、結局《けっきょく》、決《き》めるのは本人《ほんにん》なんだよね。

口《くち》が減《へ》らない

意味　何《なに》を言《い》われても、勝手《かって》な理屈《りくつ》を並《なら》べて言《い》い返《かえ》す。

解説　口《くち》は、話《はな》すという意味《いみ》。話《はな》すことが減《へ》らない、怯《ひる》まないという意味《いみ》。

ああ言《い》えばこう言《い》う、口《くち》が減《へ》らない人とは話《はな》したくないな。

口《くち》にする

意味
言《い》う。食《た》べる。

解説
口《くち》は話《はな》す意味《いみ》であると同時《どうじ》に、食《た》べる機能《きのう》ももっているので2つの意味《いみ》を持《も》つ。

朝《あさ》から何《なに》も口《くち》にしてなかったから、ドッグフードがおいしいよ。あ、それから口《くち》にするのも不愉快《ふゆかい》な話《はなし》なら、誰《だれ》にも話《はな》さない方《ほう》がいいよ。

口《くち》を挟《はさ》む

意味
他人《たにん》の会話《かいわ》に割《わ》り込《こ》んで話《はな》す。
【類義語《るいぎご》】口《くち》を出す、腰《こし》を折《お》る

解説
口《くち》は、話《はな》すということ。話《はな》しているところに話《はなし》を挟《はさ》む。

いつも口《くち》を挟《はさ》んでくる人に、イラッとすることない？

口《くち》を割《わ》る

意味
白状《はくじょう》する。

解説
固《かた》く閉《と》じていた口《くち》が、突然《とつぜん》割《わ》れるように開《ひら》き、話《はなし》をする様子《ようす》から。

犯人《はんにん》がついに口《くち》を割《わ》った、ってセリフをドラマで見るよ。

歯《は》が立たない

意味
自分《じぶん》より強《つよ》すぎて全《まった》くかなわない。難《むずか》しすぎて全《まった》くできない。

【類義語《るいぎご》】太刀打《たちう》ちできない

解説
あまりに固《かた》すぎて噛《か》めない、歯《は》も入らないという意味《いみ》から。自分《じぶん》の力が全《まった》くおよばないと感《かん》じる時《とき》に使《つか》われる表現《ひょうげん》。

今日のテストは全く歯が立たなかったよ〜
このオヤツは固すぎて歯が立たない
ガリ

コロが掘るから
せっかくの芝生が
歯の抜けたように
なってしまった

歯《は》の抜《ぬ》けたよう

意味
まばらで寂《さび》しい様子《ようす》。

解説
そろっていた歯《は》の一部《いちぶ》が抜《ぬ》けてしまったように、そこに本来《ほんらい》あるべきものが欠《か》けて、見た目の寂《さび》しい様子《よう す》を表《あらわ》す。

歯《は》に衣着《きぬき》せぬ

意味
遠慮《えんりょ》しないで、思《おも》ったままをズバリ言《い》うという意味《いみ》。
【対義語《たいぎご》】奥歯《おくば》に物《もの》がはさまる

解説
衣《きぬ》は洋服《ようふく》や着物《きもの》のこと。口《くち》を開《ひら》いて見える歯《は》に服《ふく》などを着《き》せて飾《かざ》らない＝言葉《ことば》を飾《かざ》らないことの例《たと》え。

歯《は》に衣着《きぬき》せぬ物言《ものい》いの人は、敵《てき》も多いけど味方《みかた》も多い。

歯《は》が浮《う》く

意味
口先《くちさき》だけの軽々《かるがる》しい言葉《ことば》を不快《ふかい》に感《かん》じる。

解説
歯《は》が緩《ゆる》んで、歯《は》が浮《う》いたように感《かん》じる違和感《いわかん》や不快感《ふかいかん》に由来《ゆらい》している。

一度《いちど》でいいから歯《は》が浮《う》くようなキザなセリフを言《い》ってみたい！

舌《した》鼓《つづみ》を打《う》つ

意味 おいしいものを食《た》べて満足《まんぞく》する。

解説 「舌鼓《したつづみ》」は、鼓《つづみ》（たいこ）を打《う》つかのように舌《した》を打《う》ち鳴《な》らす音。あまりのおいしさに舌《した》を鳴《な》らす。

舌《した》の根《ね》の乾《かわ》かぬうち

意味

反省《はんせい》してすぐに、また同《おな》じ過《あやま》ちを繰《く》り返《かえ》すこと。

解説

舌《した》が乾《かわ》かないほど短《みじか》い間《あいだ》、言葉《ことば》を言《い》ったすぐ後《あと》に、また同《おな》じことをすること。前《まえ》に言《い》ったことに反《はん》することをすぐに言《い》ったり行《おこな》ったりする行動《こうどう》を非難《ひなん》する意味《いみ》で使《つか》われる。

じゅうたんかじっちゃダメ！
ママごめんなさい
カミカミ

ごめんなさいと言った
舌の根の乾かぬうちに
同じことをするハナであった。

舌《した》を巻《ま》く

意味

素晴《すば》らしくて、言葉《ことば》が出てこないくらい感心《かんしん》すること。

解説

「巻《ま》く」は丸めるということで、感動《かんどう》すると舌《した》が丸まって言葉《ことば》が出なくなることから。

二枚舌《にまいじた》を使《つか》う

意味

嘘《うそ》をついたり、都合《つごう》のいいように矛盾《むじゅん》したことを言う。

解説

相反《あいはん》することを人に語《かた》り、仲《なか》たがいさせる仏教《ぶっきょう》の十悪《じゅうあく》「両《りょう》舌《した》」に由来《ゆらい》するといわれる。

二枚舌《にまいじた》を使《つか》う人には、くれぐれも注意《ちゅうい》してね。

舌《した》が肥《こ》える

意味

良《よ》いものを食《た》べ過《す》ぎて、味《あじ》の良《よ》し悪《あ》しに敏感《びんかん》になる。

解説

「肥《こ》える」は多《おお》くの経験《けいけん》で判断《はんだん》する力が豊《ゆた》かになるという意味《いみ》。「耳《みみ》が肥《こ》える」「目《め》が肥《こ》える」など他《ほか》の部位《ぶい》にも使《つか》う。

舌《した》が肥《こ》えると、お金がかかるよね。

顎《あご》で使《つか》う

意味

人に命令《めいれい》してやらせる。高慢《こうまん》な態度《たいど》で、意《い》のままに人を使《つか》う。

解説

威張《いば》ると顔《かお》が上を向《む》くため、顎《あご》が出て見える。その態度《たいど》で、黙《だま》って口《くち》を閉《と》じたまま、顎《あご》で方向《ほうこう》を示《しめ》すなどして指示《しじ》を出す様子《ようす》から。

銀次郎さんほどのお方になると飼い主を顎で使うってサ
見習いたいっスね
お茶が熱い！
失礼しましたっ

予防注射に行ってきただけで、
人も犬も顎を出してしまうのだった。

顎《あご》を出《だ》す

意味
疲《つか》れ切《き》ってしまい、どうにもならない。すっかり疲《つか》れてしまうこと。

解説
大変《たいへん》でまったくできないこと。ひどく疲《つか》れて、体力《からだ》が尽《つ》きると、手《て》も足《あし》も動《うご》かず、腰《こし》が引《ひ》けて前傾姿勢《ぜんけいしせい》になりがち。顎《あご》だけが前《まえ》に出ることから。

首《くび》をつっこむ

意味 参加《さんか》する。関心《かんしん》や興味《きょうみ》をもって、あることに深入《ふかい》りする。

【類義語《るいぎご》】 頭《あたま》をつっこむ

解説 興味《きょうみ》のあることには、どれどれと顔《かお》を向《む》けて、首《くび》を伸《の》ばして聞《き》いたり見たりしたくなるもの。

首《くび》を長《なが》くする

意味 待《ま》ち遠《どお》しく思う。期待《きたい》して待《ま》ち望《のぞ》む。

解説 楽《たの》しみで待《ま》ちきれない時《とき》は、首《くび》が前《まえ》に出ることから、首《くび》が長《なが》くなったように見えるため。

首《くび》を傾《かし》げる

意味 不思議《ふしぎ》や疑問《ぎもん》に思《おも》う。

解説 理解《りかい》できないことがあったり、疑問《ぎもん》に思《おも》ったりする時《とき》に首《くび》を傾《かたむ》ける仕草《しぐさ》から。

小さな子が分《わ》からなくて首《くび》を傾《かし》げる仕草《しぐさ》って可愛《かわい》いなぁ。

首《くび》を切《き》る

意味 解雇《かいこ》する。仕事《しごと》を辞《や》めさせる。

解説 人形浄瑠璃《にんぎょうじょうるり》で芝居《しばい》が終《お》わると、その人形《にんぎょう》の首《くび》がはずされるところからきている。

首《くび》を切《き》る方《ほう》も、切《き》られる方《ほう》も辛《つら》いよね。

首《くび》が回《まわ》らない

意味 借金《しゃっきん》が多《おお》くて、どうにもならない。

解説 お金がない時《とき》に使《つか》う言葉《ことば》で、忙《いそが》しい時《とき》に使《つか》うのは誤《あやま》り。

借金《しゃっきん》で首《くび》が回《まわ》らないからって、やけを起《お》こしちゃダメ。

首《くび》になる

意味 辞《や》めさせられる。解雇《かいこ》される。除名《じょめい》される。

解説 打《う》ち首《くび》になるの意味《いみ》から、勤《つと》めなどを辞《や》めさせられること。

遅刻《ちこく》ばかりしてたらバイトを首《くび》になるよ。

肩《かた》の荷《に》が下《お》りる

意味

気になることが解消《かいしょう》して安心《あんしん》する。責任《せきにん》や負担《ふたん》がなくなって、ほっとする。

解説

肩《かた》で担《かつ》いでいた荷物《にもつ》を下《お》ろした時《とき》に、体《からだ》が楽《らく》になることから。「荷《に》」は、物理的《ぶつりてき》な荷物《にもつ》だけでなく心理的《しんりてき》な重荷《おもに》のこと。

あの子犬を
ごらんよ。
大きい犬と
一緒だからって
肩で風切っちゃって
るよ
エヘン

肩《かた》で風《かぜ》を切《き》る

意味

得意《とくい》そうに威張《いば》っている様子《ようす》。大威張《おおいば》りで歩く。

解説

「風《かぜ》を切《き》る」は速《はや》く、勢《いきお》いよく進《すす》む様子《ようす》を表《あらわ》す。威張《いば》って歩《ある》く時《とき》、大抵《たいてい》、肩《かた》を揺《ゆ》らしている。

肩《かた》を並《なら》べる

意味 能力《のうりょく》や地位《ちい》などが同格《どうかく》で対等《たいとう》な位置《いち》にある。

【類義語《るいぎご》】引《ひ》けを取《と》らない

解説 肩《かた》を横《よこ》に並《なら》べて歩《ある》くのと同《おな》じように、同《おな》じくらいのレベルのことを表《あらわ》す。

肩《かた》を並《なら》べてみたい目標《もくひょう》の人っている？

肩《かた》身《み》が狭《せま》い

意味 世間《せけん》に対《たい》して、恥《は》ずかしい思《おも》いがする。

【対義語《たいぎご》】鼻《はな》が高《たか》い

解説 肩《かた》と体《からだ》の幅《はば》が狭《せま》く窮屈《きゅうくつ》に感《かん》じることから、自分《じぶん》の存在《そんざい》や立場《たちば》が小さくなったと感《かん》じる状況《じょうきょう》。

場違《ばちが》いな場所《ばしょ》に連《つ》れて行かれるとなんだか肩身《かたみ》が狭《せま》いよ。

肩《かた》を落《お》とす

意味 がっかりして気力《きりょく》を失《うしな》い、肩《かた》が垂《た》れ下《さ》がる。

【類義語《るいぎご》】気を落《お》とす

解説 落胆《らくたん》すると体《からだ》の力が抜《ぬ》け、下を向《む》き、背中《せなか》が丸《まる》まってしまう様子《ようす》から。

そんなに肩《かた》を落《お》とさないで。きっと、いいことあるよ！

肩《かた》を持《も》つ

意味 味方《みかた》をする。ひいきする。

【類義語《るいぎご》】肩入《かたい》れする

解説 誰《だれ》か対立《たいりつ》している一方《いっぽう》や、団体《だんたい》などの味方《みかた》をすること。

弱い方の肩《かた》を持《も》つ人って、カッコいい！

腕

腕《うで》を上《あ》げる

意味

うまくなる。訓練《くんれん》や努力《どりょく》を積《つ》み重《かさ》ねて、技《ぎ》術《じゅつ》が進歩《しんぽ》し、上達《じょうたつ》すること。

解説

「腕《うで》」は腕前《うでまえ》の意味《いみ》で、技《わざ》、技量《ぎりょう》、技術《ぎじゅつ》のことを指《さ》すことが多い。その腕《うで》が上がるというのは、技術《ぎじゅつ》が上がったという意味《いみ》。

腕《うで》に覚《おぼ》えがある

意味
自分《じぶん》の技術《ぎじゅつ》や能力《のうりょく》、力量《りきりょう》に自信《じしん》を持《も》っている。

解説
技《わざ》や技術《ぎじゅつ》に覚《おぼ》えがある、経験《けいけん》があり得意《とくい》で、上手《うま》くできる自信《じしん》があるということ。

助けて!!
クッキー
オヤツ泥棒の
腕には
覚えがあるって
言ってたじゃないか

腕《うで》を磨《みが》く

意味

技術《ぎじゅつ》や能力《のうりょく》を向上《こうじょう》させるために努力《どりょく》する。

解説

「腕《うで》」は技術《ぎじゅつ》・能力《のうりょく》という意味《いみ》。「磨《みが》く」とピカピカと輝《かがや》かせることができる。練習《れんしゅう》などでその技術《ぎじゅつ》・能力《のうりょく》が輝《かがや》くようにもっと鍛《きた》えるという意味《いみ》。

得意《とくい》なことの腕《うで》を磨《みが》くと、他《ほか》のことにも自信《じしん》が持《も》てるよ。

腕《うで》が立《た》つ

意味

腕前《うでまえ》が優《すぐ》れている。

解説

「立《た》つ」とは立派《りっぱ》に成立《せいりつ》する、度合《どあ》いが高《たか》いという意味《いみ》。

料理《りょうり》の腕《うで》が立《た》つと、みんな喜《よろこ》ぶよ。

腕《うで》によりをかける

意味

自分《じぶん》の力を十分《じゅうぶん》に見せようと張《は》り切《き》ること。張《は》り切《き》って頑《がん》張《ば》ること。

【類義語《るいぎご》】腕《うで》を振《ふ》るう

解説

「よりをかける」は、糸や縄《なわ》をねじりあわせること。強《つよ》い糸や縄《なわ》ができるように、よく仕上《しあ》げたい気持《きも》ち。

腕《うで》によりをかけて作《つく》ったごちそうを食《た》べたいな。

腕《うで》を振《ふ》るう

意味

技術《ぎじゅつ》や能力《のうりょく》を十分に発揮《はっき》する。

【類義語《るいぎご》】腕《うで》によりをかける

解説

ものを左右に大きく振《ふ》ることで、しっかり働《はたら》かせるというイメージから。

お母《かあ》さんが腕《うで》を振《ふ》るって作ったご飯《はん》は最高《さいこう》さ！

手《て》が届《とど》く

意味

自分《じぶん》の能力《のうりょく》でどうにかなる。もう少《すこ》しである段階《だんかい》に到達《とうたつ》する。細《こま》かく配慮《はいりょ》がなされている。

解説

細《こま》かい所《ところ》まで手《て》が行《い》き届《とど》く、つまりすべて自分《じぶん》のできる範囲内《はんいない》という意味《いみ》。

奥《おく》の手《て》

意味

容易《ようい》に人に知らせない、とっておきの方《ほう》法《ほう》。最後《さいご》の手段《しゅだん》。

解説

普段《ふだん》は使《つか》わない、別《べつ》の手《て》があるという意《い》味《み》。ここぞという時にだけ使《つか》う奥義《おうぎ》や秘《ひ》策《さく》などを表《あらわ》す。

手《て》も足《あし》も出ない

意味
自分《じぶん》の能力《のうりょく》ではどうすることもできない。
【類語《るいご》】手《て》に余《あま》る、手《て》に負《お》えない

解説
相手《あいて》があまりに優《すぐ》れていたり、状況《じょうきょう》がひどかったりして、まったく手段《しゅだん》がない。どんなに努力《どりょく》しても解決《かいけつ》できない状況《じょうきょう》。

手《て》を引《ひ》く

意味
これまでの関係《かんけい》を断《た》ち切《き》って退《しりぞ》く。

解説
手《て》をつなぐ、握手《あくしゅ》、というのが仲《なか》のいい印《しるし》だとすると、手《て》を引く、は反対《はんたい》に関《かか》わることをやめるという意味《いみ》。

なんか話《はなし》がおかしいから手《て》を引《ひ》くね。

手《て》を切《き》る

意味
関係《かんけい》を断《た》つ。親《ちか》しかった関係《かんけい》をなくすこと。縁《えん》を切《き》る。
【類義語《るいぎご》】足《あし》を洗《あら》う

解説
関係《かんけい》を切《き》ること。人との関係《かんけい》ばかりではなく、良《よ》くない習《しゅう》慣《かん》や癖《くせ》などをやめる時にも使《つか》う。

嘘《うそ》つきの悪友《あくゆう》とは手《て》を切《き》るよ。

手《て》が付《つ》けられない

意味 処置《しょち》のしようがない。

解説 どうすることもできない。どう処理《しょり》していいのか、方法《ほうほう》が見つからなくて、困《こま》ってしまうこと。

手《て》が付《つ》けられない
いたずらっ子だなんて
言《い》わないで! ちょっと
味見《あじみ》しただけ。

手《て》に付《つ》かない

意味 他《ほか》のことに気を取《と》られて、すべきことに集中《しゅうちゅう》できない。

解説 用事《ようじ》や仕事《しごと》に手《て》をつけることができず、うわの空《そら》、気もそぞろの状態《じょうたい》。

恋《こい》をすると何《なに》も手《て》に付《つ》かなくなるよ。

手《て》が掛《か》かる

意味 手間《てま》がかかる。**【類義語《るいぎご》】世話《せわ》がやける**

解説 「手《て》」とは手数《てかず》や手間《てま》のことを表《あらわ》し、労力《ろうりょく》や時間《じかん》がかかったという意味《いみ》。

手《て》が掛《か》かる子ほど可愛《かわい》いんだって。

手

手《て》ぐすねを引《ひ》く

意味

十分に用意《ようい》をして敵《てき》や機会《きかい》を待《ま》ち受《う》ける。

解説

弓《ゆみ》を引《ひ》く準備《じゅんび》をする際《さい》、松《まつ》やにから作《つく》った滑《すべ》り止《ど》めを塗《ぬ》ることを「手ぐすね」ということから、準備《じゅんび》をするという意《い》味《み》になった。

今日《きょう》、学校で何《なに》かあった? お母《かあ》さんが手《て》ぐすねを引《ひ》いて待《ま》ち構《かま》えているよ。

手《て》の内《うち》を見せる

意味

自分《じぶん》の心《こころ》の中にある計画《けいかく》などを明《あ》かす。

解説

手は技術《ぎじゅつ》などを表《あらわ》すため、その内側《うちがわ》を見せる、秘密《ひみつ》を教《おし》えるという意味《いみ》。

対戦型《たいせんがた》のゲームでは手《て》の内《うち》を見せない方《ほう》がいいかもね。

手《て》を打《う》つ

意味

取引《とりひき》や交渉《こうしょう》をまとめる。将来《しょうらい》を予測《よそく》し対策《たいさく》する。

解説

感心《かんしん》した時《とき》に両手《りょうて》を打《う》ち合《あ》わせて拍手《はくしゅ》をしたり、商談《しょうだん》が成《せい》立《りつ》した時《とき》に手拍子《てびょうし》を打《う》ったりすることから。

問題《もんだい》がこじれる前《まえ》に手《て》を打《う》つべし!

手《て》を上《あ》げる

意味

降参《こうさん》する。手《て》に余《あま》り投《な》げ出《だ》す。

解説

降参《こうさん》する時《とき》には、両手《りょうて》を上げるという仕草《しぐさ》から。お手上《てあ》げ、という言《い》い方《かた》もする。

あまりのテストの難《むずか》しさに手《て》を上《あ》げたんだって?

手《て》を焼《や》く

意味　うまく扱《あつか》えずに困《こま》る。てこずる。持《も》て余《あま》す。

解説　火を消《け》そうとして手《て》に火傷《やけど》を負《お》い、手《て》をつけかねている状態《じょうたい》のたとえ。難《むずか》しい問《もん》題《だい》に手《て》を出したくないという気《き》持《も》ち。

ボール、まだ見つからないのか？
深《ふか》くに埋《う》まったみたい。掘《ほ》り出《だ》すのに手《て》を焼《や》くよ。

手《て》を染《そ》める

意味　新《あら》たに物事《ものごと》を始《はじ》める。新《あら》たな関係《かんけい》を持《も》ち始《はじ》める。

解説　手《て》は技術《ぎじゅつ》などを表《あらわ》す。布《ぬの》を新《あたら》しい色《いろ》に染《そ》めるように、何《なに》か新《あたら》しいことを始《はじ》めるの意味《いみ》。よく「悪事《あくじ》に手《て》を染《そ》める」という表現《ひょうげん》で使《つか》われるが、悪《わる》い事《こと》に限定《げんてい》されていない。

色々《いろいろ》なことに手《て》を染《そ》めてみるのもいいね。

手《て》を抜《ぬ》く

意味 手間《てま》を省《はぶ》き、いい加減《かげん》な仕事《しごと》をする。

解説 手《て》は手間《てま》、手数《てかず》を表《あらわ》し、「抜《ぬ》く」とは省略《しょうりゃく》すること。すべきことをしないで手数《てかず》を省《はぶ》く。手抜《てぬ》きとも言う。

いつも手《て》を抜《ぬ》いていたら、いつか自分《じぶん》に返《かえ》ってくるよ。

手《て》を回《まわ》す

意味 こっそり手配《てはい》する。秘《ひそ》かに働《はたら》きかける。

解説 手段《しゅだん》をあれこれと巡《めぐ》らせ、準備《じゅんび》すること。

欲《ほ》しかった限定品《げんていひん》を手にいれるために、あちこちに手《て》を回《まわ》して調達《ちょうたつ》したんだって。

赤子《あかご》の手《て》をひねる

ことわざ

意味 簡単《かんたん》に相手《あいて》を負《ま》かしたり、物事《ものごと》をこなすことができる。

解説 赤子《あかご》とは、赤ちゃんのこと。大人《おとな》と赤ちゃんでは力が違《ちが》うので、赤ちゃんを負《ま》かすのは簡単《かんたん》という比喩《ひゆ》。

赤子《あかご》の手《て》をひねるより簡単《かんたん》なことだ、って言い方、性格悪《せいかくわる》く聞こえない？

喉《のど》から手《て》が出る

意味 欲《ほ》しくてたまらないことの例《たと》え。**【類義語《るいぎご》】よだれが出る**

解説 ご馳走《ちそう》が食べたい気持《きも》ちを、喉《のど》から手《て》を出してでも欲《ほ》しいと表《あらわ》したもの。食《た》べ物《もの》以外《いがい》の欲《ほ》しいものについても使《つか》う。

喉《のど》から手《て》が出るほど、骨《ほね》つき肉《にく》が欲《ほ》しい！

爪《つめ》の垢《あか》を煎《せん》じて飲《の》む

意味
優《すぐ》れた人物《じんぶつ》のことを少《すこ》しでも見習《みなら》おうとする気持《きも》ち。

解説
優《すぐ》れた人の爪《つめ》の垢《あか》のようなものでも薬《くすり》にしたら、少《すこ》しはその優《すぐ》れた部分《ぶぶん》が似《に》てくるかもしれないということから。

文句ばかり言わないで食べなさい
またお昼ソーメンなの？
あきちゃった
ポチの爪の垢でも煎じて飲ませたいわね！
毎日ドッグフード

爪《つめ》に火《ひ》をともす

意味
ひどくケチなこと、お金が足《た》りずに、苦労《くろう》して節約《せつやく》する。

解説
ろうそくが買《か》えないほど貧《まず》しく、爪《つめ》をろうそくの代《か》わりにして火《ひ》をつける例《たと》え。

爪《つめ》に火《ひ》をともすような生活《せいかつ》なんて、たえられないな。

爪《つめ》の垢《あか》ほど

意味
ごくわずか、非常《ひじょう》に少《すく》ないことの例《たと》え。

解説
爪《つめ》にたまった垢《あか》の程度《ていど》の意《い》から。

爪《つめ》の垢《あか》ほどの思いやりもない人って、たまにいるよねー。

腰《こし》をぬかす

意味
驚《おどろ》きや恐怖《きょうふ》で立てなくなる。

解説
驚《おどろ》くとビックリして腰《こし》の関節《かんせつ》が外れたり、腰《こし》の力がなくなったりして立てなくなる例《たと》えから。

ヤモリをつかまえたわ！
お母さんが見たら腰をぬかすよ

腰《こし》が低《ひく》い

意味

威張《いば》らない。他人《たにん》に対《たい》してへりくだって控《ひか》えめな態度《たいど》でいる。謙虚《けんきょ》である。

解説

控《ひか》えめな人は、自分《じぶん》を大きく見せようとせず、腰《こし》の位置《いち》を低《ひく》くして話《はな》すことから。

腰《こし》が強《つよ》い

意味
気が強《つよ》く、あきらめない。粘《ねば》り気《け》や弾力《だんりょく》がある。

解説
踏《ふ》ん張《ば》る時、体の軸《じく》である腰《こし》がしっかりしているかどうかが大事《だいじ》。簡単《かんたん》に諦《あきら》めないことの例《たと》え。

腰《こし》が強《つよ》い人はくじけないよ。腰《こし》の強《つよ》い讃岐《さぬき》うどんも大好《だいす》きだよ！

腰《こし》を折《お》る

意味
途中《とちゅう》で邪魔《じゃま》をする。**【類義語《るいぎご》】口《くち》を挟《はさ》む、口《くち》を出す**

解説
腰《こし》は体の中で大事《だいじ》な部分《ぶぶん》。物事《ものごと》の重要《じゅうよう》な部分《ぶぶん》を折《お》ってしまう、話《はなし》を途中《とちゅう》で遮《さえぎ》り重要《じゅうよう》な部分《ぶぶん》を駄目《だめ》にするなど、悪《わる》い意《い》味《み》で使《つか》われる。

いつも話《はなし》の腰《こし》を折《お》るのは、かまってほしいからだよ。許《ゆる》してね。

腰《こし》を据《す》える

意味
落《お》ち着《つ》いて物事《ものごと》に取《と》り掛《か》かる。ある場所《ばしょ》に落《お》ち着《つ》く。

解説
腰《こし》を下《お》ろして座《すわ》り込《こ》む意《い》から。「据《す》える」＝（位置《いち》・場所《ばしょ》を決《き》めて）そこに居《い》させる、動《うご》かないように置《お》く。

そろそろ腰《こし》を据《す》えて宿題《しゅくだい》にとりかからないと間《ま》に合《あ》わないよ。

腰《こし》を下《お》ろす

意味
座《すわ》る。

解説
腰《こし》を下げて、床《ゆか》や地面《じめん》などに接《せっ》する状態《じょうたい》、すなわち座《すわ》るという意《い》味《み》。

ちゃんと腰《こし》を下《お》ろして、
おすわりできるよ！

実は腹が黒いハナであった。

腹《はら》が黒《くろ》い

意味

悪《わる》い考えを隠《かく》し持《も》っている。心がねじけていて悪事《あくじ》をたくらむ性質《せいしつ》である。腹黒《はらぐろ》い。

解説

魚《さかな》のサヨリは外見《がいけん》の美《うつく》しさとは異《こと》なり、その腹《はら》の内部《ないぶ》は黒《くろ》いという特徴《とくちょう》から、見た目は良《よ》いが内面《ないめん》は良《よ》くないという状態《じょうたい》を指《さ》すようになったと言《い》われる。

腹《はら》の虫《むし》がおさまらない

意味 腹《はら》が立って我慢《がまん》できない。

解説 腹《はら》の中に虫《むし》がいて、怒《いか》りで暴《あば》れているといわれている。

ドロボーの濡《ぬ》れ衣《ぎぬ》を着《き》せられて、腹《はら》の虫《むし》がおさまらない！

腹《はら》を決《き》める

意味 覚悟《かくご》を決《き》める。決心《けっしん》する。**【類義語《るいぎご》】腹《はら》を固《かた》める、腹《はら》を括《くく》る**

解説 「腹《はら》」は人の本当《ほんとう》の心《こころ》や考《かんが》えがあるとされた体《からだ》の部分《ぶぶん》。武《ぶ》士《し》が無実《むじつ》を証明《しょうめい》するのに切腹《せっぷく》したのは、腹《はら》に真実《しんじつ》の心《こころ》があると考《かんが》えていたため。

頭《あたま》で考《かんが》えたことより、腹《はら》を決《き》めたことの方《ほう》が迷《まよ》わないよ。

腹《はら》を割《わ》る

意味 本心《ほんしん》をすべてさらけ出し、打《う》ち明《あ》ける。

解説 腹《はら》とは心《こころ》の中で考《かんが》えていること。その腹《はら》を「割《わ》る」というのは、心《こころ》の中を包《つつ》み隠《かく》さずさらけ出すことを意味《いみ》する。

胸《むね》が躍《おど》る

意味

期待《きたい》や興奮《こうふん》でわくわくして、落《お》ち着《つ》かなくなる。

解説

喜《よろこ》んだり、驚《おどろ》いたりする時《とき》に、ドキドキ、ワクワクする。胸《むね》は心臓《しんぞう》の例《たと》えになることが多《おお》く、心臓《しんぞう》の鼓動《こどう》が激《はげ》しく動《うご》くことから、まるで躍《おど》っているような状態《じょうたい》のため。

胸《むね》をなで下ろす

意味

心配事《しんぱいごと》がなくなったり、物事《ものごと》がうまくいったりして、安心《あんしん》する。

解説

心配《しんぱい》な悩《なや》みごとが消《き》えて、ホッと安心《あんしん》して、心臓《しんぞう》の鼓《こ》動《どう》が静《しず》かに収《おさ》まる様子《ようす》。痛《いた》みがある部分《ぶぶん》を手でなでて癒《い》やすように、騒《さわ》ぐ胸《むね》をなでることから。

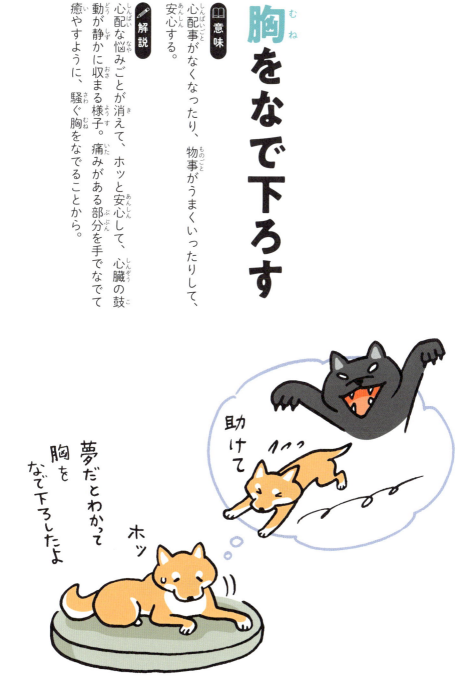

胸《むね》が騒《さわ》ぐ

意味

不安《ふあん》や心配《しんぱい》、または期待《きたい》などで、心が落《お》ち着《つ》かなくなる。

解説

騒《さわ》ぐ、というのは通常《つうじょう》はうるさく喋《しゃべ》るなどのことを指《さ》す。胸《むね》の中にそんな騒《さわ》がしい人がいると心《こころ》が落《お》ち着《つ》かない、または心臓《しんぞう》がバクバクうるさく音をたてる様子《ようす》。

胸《むね》が詰《つ》まる

意味 喜《よろこ》びや悲《かな》しみなどの感情《かんじょう》がこみあげて、何もいえなくなる。

解説 感情《かんじょう》が高ぶると、言葉《ことば》が出なくなり、胸《むね》が詰《つ》まったように苦《くる》しくなる。

あまりの嬉《うれ》しさに胸《むね》が詰《つ》まって、言葉《ことば》がでなくなることもあるよ。

胸《むね》が一杯《いっぱい》になる

意味 悲《かな》しみや喜《よろこ》びなどの感情《かんじょう》が高まって、心が満《み》たされる。

解説 感情《かんじょう》がたくさんあふれて、心がそのことでいっぱいになる。心を「胸《むね》」と表現《ひょうげん》することが多い。

一緒《いっしょ》に遊《あそ》んでくれたお兄《にい》ちゃんがもう小学校卒業《そつぎょう》なんて…胸《むね》が一杯《いっぱい》になるよ。

胸《むね》を張《は》る

意味 堂々《どうどう》とした、自信《じしん》に満《み》ちた態度《たいど》をとる。

解説 自信《じしん》がない時《とき》はうつむき、自信《じしん》がある時《とき》は胸《むね》をそらせ、大きく張《は》っているように見えるため。

一生懸命《いっしょうけんめい》に頑張《がんば》ったんだから、失敗《しっぱい》しても胸《むね》を張《は》っていいよ。

胸《むね》が痛《いた》む

意味　悲《かな》しくてつらい気持《きも》ちになる。心に苦痛《くつう》を感《かん》じる。

解説　心配事《しんぱいごと》などがある時は、心臓《しんぞう》が締《し》め付《つ》けられるような思いになり、胸《むね》が苦《くる》しく、痛《いた》く感《かん》じるため。

あっ、スミレを踏んでしまった
ズキン…
心やさしいコロは胸が痛んだ。

胸《むね》が潰《つぶ》れる

意味　悲《かな》しみや心配《しんぱい》で胸《むね》が締《し》め付《つ》けられるように感《かん》じる。

解説　心配事《しんぱいごと》などがあると胸《むね》が締《し》め付《つ》けられて痛《いた》くなる。「胸《むね》が痛《いた》む」を通り超《こ》えて、心臓《しんぞう》が潰《つぶ》されるほど痛《いた》いさま。

お友達《ともだち》の突然《とつぜん》の引《ひ》っ越《こ》しは胸《むね》が潰《つぶ》れるほどショック！

胸《むね》が張《は》り裂《さ》ける

意味　悲《かな》しみや苦《くる》しみ、憎《にく》しみなどで、耐《た》えられないほどの苦痛《くつう》を感《かん》じる。

解説　「胸《むね》が潰《つぶ》れる」より、さらに激《はげ》しいショックで、心臓《しんぞう》が張《は》り裂《さ》けるほどつらいさま。

ボクが死《し》んだら胸《むね》が張《は》り裂《さ》けそう？大丈夫《だいじょうぶ》、ずっとそばにいるよ。

胸《むね》がすく

意味

心《こころ》が晴《は》れやかになる。すっきりする。

解説

「すく」は漢字《かんじ》で書くと「空く」。つまり胸《むね》の中にあった嫌《いや》な気持《きも》ちが消《き》えて、胸《むね》の中が空になること。

今こそ胸《むね》がすく逆転《ぎゃくてん》ホームランを狙《ねら》うチャンスだ！

胸《むね》に刻《きざ》む

意味

大切《たいせつ》なことを、しっかりと心《こころ》にとどめて、忘《わす》れない。

解説

「刻《きざ》む」は細《こま》かく切《き》る以外《いがい》に、彫《ほ》って跡《あと》をつけるという意《い》味《み》もある。彫《ほ》ったものが消《き》えないのと同《おな》じように、その出《で》来事《きごと》を記憶《きおく》から消《き》えないようにする、という例《たと》え。

嬉《うれ》しかったことを胸《むね》に刻《きざ》んでおけば、人生で悩《なや》んだ時《とき》に役立《やくだ》つよ。

胸《むね》を打《う》つ

意味

感動《かんどう》する。深《ふか》く感動《かんどう》させる。

解説

心を打《う》つ、とも言う。打《う》てば響《ひび》くという言葉《ことば》もあり、胸《むね》を打《う》てば、心に響《ひび》く。

ハチ公物語《こうものがたり》って映画《えいが》を観《み》たことある？すごく胸《むね》を打《う》たれたな。

胸《むね》を貸《か》す

意味

実力《じつりょく》のある人が、自分より実力《じつりょく》が下の人の相手《あいて》をすること。

解説

自分《じぶん》のためではなく、相手《あいて》の練習《れんしゅう》のために自分《じぶん》の体《からだ》と心《こころ》を使《つか》って稽古《けいこ》をつけることから「貸《か》す」という。

嫌《いや》なヤツには絶対《ぜったい》に頼《たの》まれても胸《むね》を貸《か》したくない！

足《あし》を洗《あら》う

意味

悪《わる》いことをやめて、まじめな生活《せいかつ》をする。悪《あく》事《じ》をやめ、正しい生活《せいかつ》に戻《もど》る。仕事《しごと》をやめる。

【類義語《るいぎご》】手《て》を切《き》る、手《て》を引《ひ》く、足《あし》を抜《ぬ》く

解説

汚《よご》れ＝悪《わる》いこと。悪《わる》い仲間《なかま》から離《はな》れる時《とき》に「足《あし》を洗《あら》う」と使《つか》う。足《あし》は体《からだ》を支《ささ》える大事《だいじ》な土台《どだい》。洗《あら》って汚《よご》れを落《お》としキレイにするように、悪《わる》いことをやめて、キレイに生《う》まれ変《か》わるという例《たと》え。

足《あし》がつく

意味
犯人《はんにん》や逃亡者《とうぼうしゃ》の身元《みもと》や行方《ゆくえ》がわかる。悪事《あくじ》がばれる。

解説
泥棒《どろぼう》などの足跡《あしあと》を調《しら》べて、警察《けいさつ》が犯《はん》人を捕《つか》まえるように、現場《げんば》に残《のこ》した証拠《しょうこ》から、犯人《はんにん》がわかる。例《たと》えば残《のこ》されたのが指紋《しもん》でも、「足《あし》がつく」という。

お客さん用のドーナツ食べたのはお姉ちゃんね！
ポチのつげ口により
足がつくとは
思いもしなかったお姉ちゃんだった。

足《あし》を引《ひ》っ張《ぱ》る

意味
じゃまをする。他人《たにん》の成功《せいこう》や進歩《しんぽ》に不利《ふり》になるような行動《こうどう》をとる。

解説
その人の足《あし》を引《ひ》っ張《ぱ》って、前《まえ》に進《すす》ませないようにすることから。わざと足《あし》を引《ひ》っ張《ぱ》るつもりがない場合《ばあい》でも使《つか》う。

お父さんの足を引っ張っちゃだめだよ

足《あし》の踏《ふ》み場《ば》もない

意味　物《もの》が散《ち》らかり、足《あし》をおろす隙間《すきま》もない。

解説　足《あし》をおろす隙間《すきま》がないほどに、散《ち》らかっている時に使《つか》う。

お兄《にい》ちゃんの部屋《へや》は、いつも足《あし》の踏《ふ》み場《ば》がないくらい散《ち》らかってるよ。

足元《あしもと》を見《み》る

意味　自分《じぶん》が有利《ゆうり》になるように、相手《あいて》の弱《よわ》みに付《つ》け込《こ》む。

解説　昔《むかし》は歩《ある》くしか移動手段《いどうしゅだん》がなく、旅人《たびびと》の足元《あしもと》を見て、疲《つか》れているなと思《おも》うと、「かごに乗《の》りませんか」、「お店《みせ》で一休《ひとやす》みしては」、とすすめた。疲《つか》れている客《きゃく》は少々《しょうしょう》高《たか》くてもお金を払《はら》ってしまうことから。

足元《あしもと》を見て、高《たか》い値段《ねだん》をつけるなんて悪《わる》いヤツ！

足《あし》を向《む》けて寝《ね》られない

意味　恩《おん》を受《う》けた人への感謝《かんしゃ》の気持《きも》ちを表《あら》わす。

解説　恩人《おんじん》など、その人のいる方《ほう》へ足《あし》を向《む》けて寝《ね》るような失礼《しつれい》なことはできないため。

足

足《あし》をすくう

意味

相手《あいて》の隙《すき》をつき、失敗《しっぱい》させる。

解説

「すくう」とは、助《たす》ける意味《いみ》の「救《すく》う」ではなく、スプーンで粉《こな》などを下から上へ上げてとる、または何《なに》かを横《よこ》に払《はら》う、という意味《いみ》。足を横《よこ》に払《はら》って倒《たお》す柔道《じゅうどう》などの動作《どうさ》を指《さ》す。

油断《ゆだん》していると、いつか足《あし》をすくわれる。謙虚《けんきょ》が一番だね。

足《あし》を運《はこ》ぶ

意味

わざわざ出向《でむ》く。

解説

現場《げんば》に足を運《はこ》ぶ。本来《ほんらい》は行《い》かなくてもいい、もしくは大変《たいへん》な場所《ばしょ》にわざわざ行《い》った、というイメージ。

わざわざスーパーまで足《あし》を運《はこ》んで、おやつを買《か》わずに帰《かえ》るなんてありえない！

揚《あ》げ足《あし》を取《と》る

意味

相手《あいて》の不注意《ふちゅうい》な発言《はつげん》や、相手《あいて》の小さなミスを見つけ、必要《ひつよう》以上《いじょう》に相手《あいて》を責《せ》める。

解説

戦《たたか》いの時《とき》に、相手《あいて》が足《あし》を出してきた瞬間《しゅんかん》に、その足《あし》をとって逆《ぎゃく》に倒《たお》してしまったことから。

人の揚《あ》げ足《あし》を取《と》ってばかりの人は、最後《さいご》はみんなに嫌《きら》われるね。

足《あし》が棒《ぼう》になる

意味

歩き回《まわ》って疲《つか》れる様子《ようす》。

解説

足《あし》が疲《つか》れると筋肉《きんにく》がかたくなって、こわばったり、つったり、足《あし》を曲《ま》げたり動《うご》かせなくなったりするのを、まるで棒《ぼう》みたいだという例《たと》え。

一度《いちど》でいいから、足《あし》が棒《ぼう》になるまで散歩《さんぽ》してみたいな。

頭《あたま》隠《かく》して尻《しり》隠《かく》さず

ことわざ

意味

隠《かく》しきれていない。悪事《あくじ》や欠点《けってん》などの一部《いちぶ》を隠《かく》して、全部《ぜんぶ》を隠《かく》したつもりの人を笑《わら》う言葉《ことば》。

解説

キジが草の中に逃《に》げ込《こ》み隠《かく》れたつもりでも、長《なが》い尾《お》が見えてしまっていることから。

尻《しり》に火《ひ》がつく

意味

物事《ものごと》が差《さ》し迫《せま》っていて慌《あわ》てること。慌《あわ》てふためくさま。

解説

テストの日や、物事《ものごと》の締《し》め切《き》りが近《ちか》づいてきた時《とき》に、ようやく重《おも》たい腰《こし》を上げて、準備《じゅんび》を始《はじ》める時《とき》などに使《つか》う。

大会が近づいて
尻に火がついた
みたい

尻《しり》が重《おも》い

意味 めんどうくさがって、なかなか動《うご》こうとしない。

【類義語《るいぎご》】腰《こし》が重《おも》い

解説 なかなかやらず、動作《どうさ》がにぶくなかなか腰《こし》をあげない時《とき》に、尻《しり》が重《おも》たいから上がらないように見えるため。

最近すっかり尻が重くなったね
抱っこしてー

尻尾《しっぽ》を出《だ》す

意味 隠《かく》しごとがばれる。正体《しょうたい》を現《あらわ》す。

解説 昔話《むかしばなし》でも、人間《にんげん》に化《ば》けたキツネやタヌキが尻尾《しっぽ》を出して正体《しょうたい》を見やぶられることがある。同《おな》じように、隠《かく》していたことがばれることや、本性《ほんしょう》がばれることなど。

「ついに尻尾《しっぽ》を出《だ》したな」って言《い》われたけど、どうしておやつを盗《ぬす》み食《ぐ》いしたのが僕《ぼく》だってばれたのかな？

尻《しり》が軽《かる》い

意味 物事《ものごと》を気軽《きがる》にはじめる。

解説 なかなかやらないことを指《さ》す「尻《しり》が重《おも》い」の反対《はんたい》。サッサと行動《こうどう》するので、まるでお尻《しり》が軽《かる》いように見える。

尻《しり》が軽《かる》いから、どこにでも散歩《さんぽ》に行くよ。

よく使《つか》う慣用句《かんようく》

慣用句《かんようく》は、２つ以上《いじょう》の単語《たんご》を組み合わせ、全《まった》く異《こと》なる意味《いみ》を持《も》つ言い回しのこと。
日常《にちじょう》会話でよく使《つか》われる言葉《ことば》なので、覚《おぼ》えておいて損《そん》はないよ。

一度オヤツを
あげたら
味をしめた
らしいわ
ズラーッ

味《あじ》をしめる

意味

一度《いちど》うまくいって、同《おな》じことを期待《きたい》する。

解説

「味《あじ》」という言葉《ことば》は、食事《しょくじ》をした時《とき》の「味《あじ》わい」だけでなく、何《なに》かを体験《たいけん》した後《あと》に残《のこ》る感《かん》じも表《あらわ》す。「しめる」はそれを独占《どくせん》する、自分《じぶん》のものにする、という意味《いみ》がある。

味《あじ》もそっけもない

意味

おもしろみがない。少しの味《あじ》わいもない。つまらない。

解説

「味《あじ》がない」は、食《た》べ物《もの》の味《あじ》があまりない感《かん》じで、「そっけがない」は何《なに》かが足りない感《かん》じを指《さ》すため、面白《おもしろ》い部分《ぶぶん》がない時《とき》や、いい部分《ぶぶん》が感《かん》じられない時《とき》に使《つか》う。

こういう、
味もそっけもない
犬小屋じゃ
なくってサ・・・
設計図
・・・って
ダメ出し
されたんだけど
どうしよう

木の上で息を殺しているミケに、全然気づかないポチだった。
においはするのに…

息《いき》を殺《ころ》す

意味

静《しず》かにじっとしている。

解説

「息《いき》」は呼吸《こきゅう》すること、「殺《ころ》す」は「抑《おさ》える、止《と》める」という意味《いみ》。呼吸《こきゅう》の音もさせないで、じっと静《しず》かにしている、周《まわ》りに自分《じぶん》の存在《そんざい》を気づかれたくない時《とき》に使《つか》う表現《ひょうげん》。

後《うし》ろ髪《がみ》を引《ひ》かれる

意味
心が残《のこ》って進《すす》みがたいこと。未練《みれん》が残《のこ》っている。

解説
後《うし》ろから誰《だれ》かに髪《かみ》の毛《け》を引《ひ》っ張《ぱ》られると、前《まえ》に進《すす》むことができないように、まだそこにやりたいことが残《のこ》っていたり、離《はな》れたくない人や場所《ばしょ》から前《まえ》に進《すす》めなかったりする状況《じょうきょう》。

毎朝、後ろ髪を引かれつつ
学校へ行くお兄ちゃん。

馬《うま》が合《あ》う

意味

気が合《あ》う。相性《あいしょう》が良《よ》い。

【対義語《たいぎご》】反《そ》りが合《あ》わない

解説

乗馬《じょうば》をする時《とき》、馬《うま》と乗《の》る人間《にんげん》の息《いき》がぴったり合《あ》えば、うまく乗《の》りこなすことができることから、相性《あいしょう》が良《よ》い時《とき》などに使《つか》う。

有《う》無《む》を言《い》わせず

意味

無理《むり》やりに。相手《あいて》の気持《きも》ちや返事《へんじ》に関係《かんけい》なく。

解説

普通《ふつう》であれば、相手《あいて》に都合《つごう》や気持《きも》ちを聞《き》いて、これはありか、なしか、と確認《かくにん》するものだが、それも聞《き》かず、相手《あいて》に何《なに》も言《い》わせずに行《おこな》うこと。

雨でも雪でも
有無を言わせず
いつもの
散歩
コース…
早くして〜
3丁目

お茶《ちゃ》をにごす

意味
適当《てきとう》にその場《ば》を取《と》り繕《つくろ》う。うやむやにして、ごまかす。

解説
お茶《ちゃ》の作法《さほう》を知《し》らないものが、茶碗《ちゃわん》を適当《てきとう》にかき回《まわ》してそれらしく茶《ちゃ》をにごらせ、その場《ば》を取《と》り繕《つくろ》うことからできた言葉《ことば》と言《い》われる。曖昧《あいまい》な返事《へんじ》などで、その場《ば》をしのぐ。

大《おお》ぶろしきを広《ひろ》げる

意味

できそうにないことを言《い》ったり計画《けいかく》したりする。

解説

大ぶろしきとは、大きな風呂敷《ふろしき》のこと。小さな物《もの》で、とても風呂敷《ふろしき》に包《つつ》むほどの大きさのものでもないのに、大きな風呂敷《ふろしき》を広《ひろ》げてみせるような例《たと》え。小さな話《はなし》を、大きく膨《ふく》らませて話《はな》すこと。

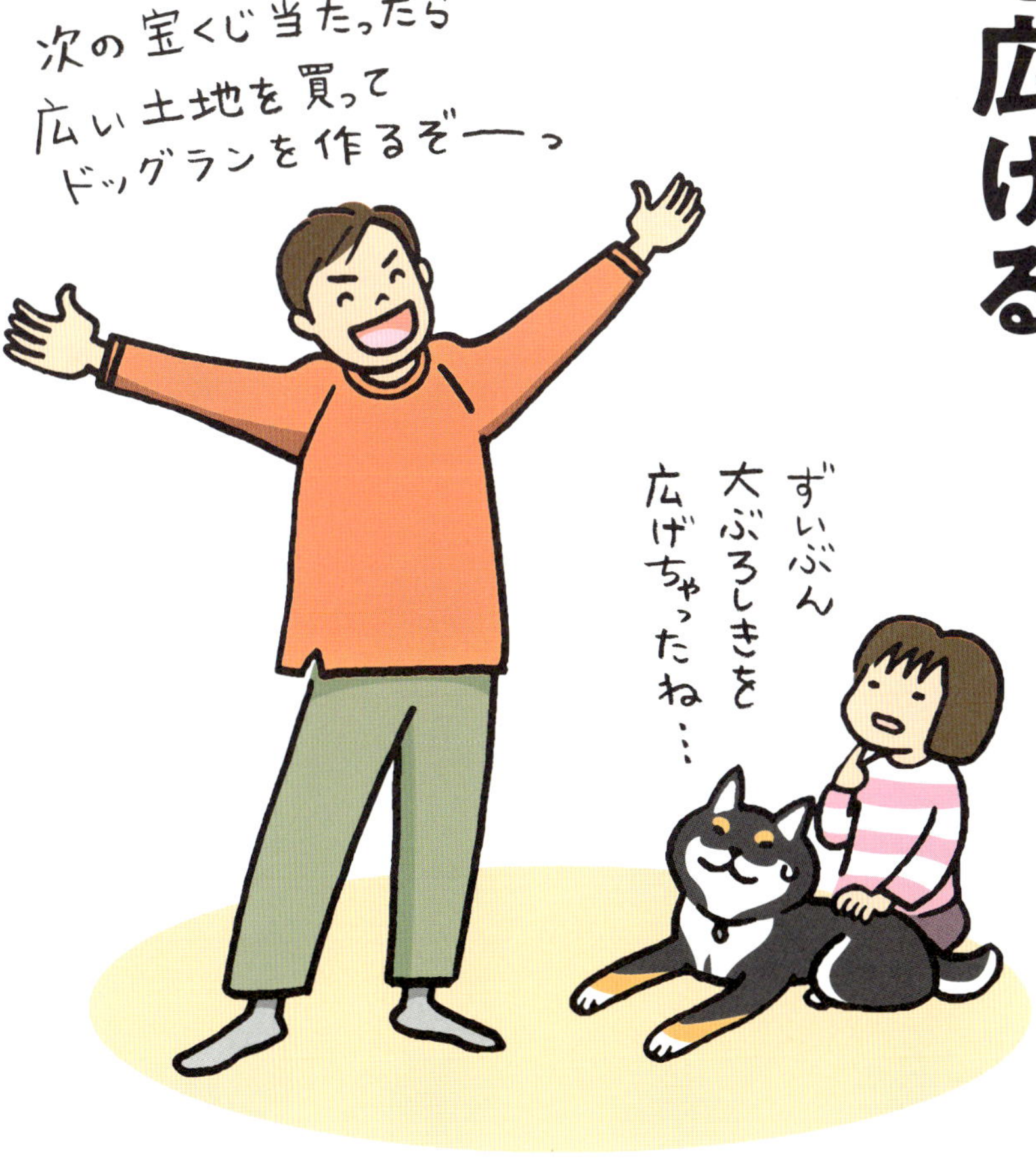
次の宝くじ当たったら
広い土地を買って
ドッグランを作るぞーーっ
ずいぶん
大ぶろしきを
広げちゃったね…

あの子犬、
銀次郎さんの元で
ビジネスを学んだって
今や町内会で
押しも押されもせぬ
存在だね

こういう
者です
名刺

押《お》しも押《お》されもせぬ

意味
堂々《どうどう》として立派《りっぱ》な様子《ようす》。

解説
自分《じぶん》が他《ほか》の誰《だれ》かを押《お》したり、また、他《ほか》の誰《だれ》かにわざわざ押《お》されたりしなくても、その分野《ぶんや》では、まったく揺《ゆ》るぎない地位《ちい》があること。正しくは「押《お》しも押《お》されもせぬ」だが、「押《お》しも押《お》されぬ」と誤《あやま》って使《つか》う人が多《おお》い。

青菜《あおな》に塩《しお》

意味 元気のない様子《ようす》。

解説 生き生きしていた青菜《あおな》に塩《しお》を振《ふ》りかけると、水分《すいぶん》が出て、しおれるように、元気《げんき》だった人が、元気《げんき》がなくなって、シュンとなってしまうこと。

楽《たの》しみにしていたおやつがないなんて！
青菜《あおな》に塩《しお》だよ。

呆気《あっけ》にとられる

意味 意外《いがい》なことに驚《おどろ》く。

解説 あまりに驚《おどろ》きすぎて、口を開《あ》けたまま何も言えなくなる状《じょう》態《たい》を表《あらわ》している。「呆気《あっけ》」はぼんやりとした様子《ようす》、「とられる」とは心を奪《うば》われたかのような状態《じょうたい》。

ボールを他《ほか》の犬にとられた時《とき》、
あまりの早さに呆気《あっけ》にとられたよ。

油《あぶら》を売《う》る

意味 むだ話《ばなし》をして仕事《しごと》をなまける。

解説 江戸時代《えどじだい》に髪油《かみあぶら》を売《う》っていた行商人《ぎょうしょうにん》が、客《きゃく》を相手《あいて》に長々《ながなが》と世間話《せけんばなし》をしながら髪油《かみあぶら》を売《う》っていたことから。

こんな場所《ばしょ》で油《あぶら》を売《う》っていないで、
早く帰《かえ》った方《ほう》がいいよ。

息《いき》を引《ひ》き取《と》る

意味 死《し》ぬ。

解説 誰《だれ》かが死《し》んだ時《とき》に、もう少《すこ》し遠回《とおまわ》しに言《い》う時《とき》に使《つか》う。居場所《いばしょ》のない物《もの》を引《ひ》き取《と》るというように、息《いき》（呼吸《こきゅう》）をしなくなる様子《ようす》を、息《いき》を引《ひ》き取《と》ると表《あらわ》す。

まるで眠《ねむ》るように息《いき》を引《ひ》き取《と》った
おばあちゃん。まだ生きてるみたい。

意地《いじ》を張《は》る

意味　強情《ごうじょう》を張《は》る。無理《むり》にやろうとする。

解説　「張《は》る」には「譲《ゆず》らない」という意味《いみ》があり、自分の考えや意見《いけん》を譲《ゆず》らないで持《も》ち続《つづ》けることを表《あらわ》す。

つまらないことに意地《いじ》を張《は》っても、疲《つか》れるだけだよ。

裏《うら》をかく

意味　相手《あいて》の予想《よそう》と反対《はんたい》のことをする。

解説　「裏《うら》をかく」ということは、相手《あいて》の油断《ゆだん》をつくこと。表側《おもてがわ》だけでなく、裏側《うらがわ》まで、ちゃんと守《まも》らないと相手《あいて》に負《ま》ける。

勝負《しょうぶ》は正々堂々《せいせいどうどう》するもの。裏《うら》をかいてまで、勝《か》ちたくない！

鵜《う》呑《の》みにする

意味　ものごとを十分《じゅうぶん》に理解《りかい》せず、そのまま受《う》け入《い》れる。

解説　鳥《とり》の鵜《う》が、川で魚《さかな》を丸呑《まるの》みにするように、言葉《ことば》をそのまま丸《まる》ごと信《しん》じること。

ネットに書《か》いてあることを、そのまま鵜呑《うの》みにしない方《ほう》がいいよね。

ちなみに、鵜《う》が魚《さかな》を丸呑《まるの》みにしているところはこれ！

運《うん》の尽《つ》き

意味
いい運《うん》が終《お》わること。

解説
「尽《つ》き」という言葉《ことば》は、終《お》わりの意味《いみ》を表《あらわ》す。いい運《うん》にも、いつか終《お》わりがくる。

ここで見つかったのが運《うん》の尽《つ》き！って思うこと、あるよね。

思《おも》う壺《つぼ》

意味
予期《よき》した通《とお》りになること。たくらんだ通《とお》りになる。

解説
「壺《つぼ》」にサイコロを入れて振《ふ》り、サイコロの目が期待《きたい》した通りになるという例《たと》えから。

陰口《かげぐち》なんて信《しん》じたら、相手《あいて》の思《おも》う壺《つぼ》だよ。スルーが一番！

音頭《おんど》を取《と》る

意味
みんなの先に立ってリードする。

解説
「音頭《おんど》」とは、合奏《がっそう》する場合《ばあい》の第《だい》一奏者《そうしゃ》や、大勢《おおぜい》で歌《うた》う時《とき》に調子《ちょうし》をそろえるために最初《さいしょ》に歌《うた》うこと。

歌《うた》は苦手《にがて》だけど、乾杯《かんぱい》の音頭《おんど》を取《と》るのは得意《とくい》なお父《とう》さん。

恩《おん》に着《き》る

意味
恩《おん》を受《う》けて、ありがたいと思う。

解説
「着《き》る」は受《う》ける、を意味《いみ》する。「恩《おん》に着《き》ます」と使《つか》う。

困《こま》っていた時に助《たす》けてくれたこと、一生恩《おん》に着《き》るよ。

あれっ、ジョンくんもお花見に来てたんだね
どうせ ぼくは 影が薄いよ

影《かげ》が薄《うす》い

意味 元気《げんき》がなく、存在《そんざい》が目立たない。

解説 影《かげ》はそもそもぼんやりしたもの。その姿《すがた》や形が薄《うす》く見えるということから、存在感《そんざいかん》がない、印象《いんしょう》が薄《うす》い、という意味《いみ》。

金《かね》に糸目《いとめ》を付《つ》けない

意味

おしげもなく金《かね》を使《つか》う。

解説

「糸目《いとめ》」とは、凧《たこ》の表面《ひょうめん》につけて凧《たこ》のバランスをとるための糸のこと。糸目《いとめ》を付《つ》けない凧《たこ》は制御《せいぎょ》できないところから、お金《かね》に糸目《いとめ》を付《つ》けないというのは、お金《かね》の使《つか》い方《かた》にまったく制御《せいぎょ》ができていない状態《じょうたい》を指《さ》す。

犬の服となると
金に糸目を付けないんだから…
買っちゃおう！
きっと似合う！
あれもこれも…

風《かぜ》の便《たよ》り

意味

どこからともなく伝《つた》わってくる噂《うわさ》。

解説

風《かぜ》が吹《ふ》くと、遠《とお》くのものが運《はこ》ばれてくる様子《ようす》から、誰《だれ》に聞《き》いたか、誰《だれ》が言《い》ったかは分《わ》からないが、何《な》故《ぜ》かその話《はなし》が伝《つた》わってきた、という時《とき》に使《つか》う。

風の便りで
聞いたのさ〜
予防注射の
シーズンだって

気《き》にさわる

意味

しゃくにさわる。嫌《いや》な気持《きも》ちを起《お》こさせる。感情《かんじょう》を害《がい》する。

解説

「気」は「気持《きも》ち」、「さわる」は「妨《さまた》げる」「害《がい》になる」という意味《いみ》。

あのシッポが
いちいち
気にさわるんだよ

気《き》が気《き》でない

意味
とても心配《しんぱい》で落《お》ち着《つ》かない。

解説
「気」はここでは「心配《しんぱい》、気になること」、「でない」は否定《ひてい》の意味《いみ》ではなく、「〜で仕《し》方《かた》がない」を省略《しょうりゃく》した意味《いみ》。

釘《くぎ》を刺《さ》す

意味

あとで言《い》い逃《のが》れや間違《まちが》いのないように繰《く》り返《かえ》し確認《かくにん》すること。

【類義語《るいぎご》】念《ねん》をおす

解説

昔《むかし》の日本の木造建築《もくぞうけんちく》は釘《くぎ》を使《つか》わずに木材《もくざい》に穴《あな》を開《あ》けて、それぞれの木をはめ込《こ》んで建《た》てていたが、はめ込《こ》むだけでは不安《ふあん》だと、念《ねん》のために釘《くぎ》で固定《こてい》するようになったのが由来《ゆらい》。

ちゃんとお留守番できてるかしら
くぎをさしておいたから大丈夫
お肉のおみやげ買ってくるからいたずらしないで待ってるんだよ

心《こころ》を鬼《おに》にする

意味

かわいそうだと思いながらも、相手《あいて》のために厳《きび》しくする。

解説

相手《あいて》の気持《きも》ちは想像《そうぞう》できるが、その時だけは人の心ではない、まるで鬼《おに》のようになって相手《あいて》の気持《きも》ちに流《なが》されずにすること。ちなみに自分自身《じしん》に対《たい》して厳《きび》しくする場合は使《つか》わない。

からすの行水《ぎょうずい》っていうけど、お風呂苦手《ふろにがて》
だから、これでも頑張《がんば》ってるんだよ。

からすの行水《ぎょうずい》

意味
入浴《にゅうよく》時間がとても短《みじか》いこと。

解説
からすが水浴《みずあ》びをする時《とき》、ほんの数分《すうふん》ほどの時間《じかん》で羽《はね》とくちばしを洗《あら》い整《ととの》える姿《すがた》から。

角《かど》が立《た》つ

意味
理屈《りくつ》っぽい言動《げんどう》によって、その人との間《あいだ》が穏《おだ》やかでなくなる。

解説
角《かど》というのは尖《とが》っている。それが立っていると、とげとげしいから。

なにもわざわざ角《かど》が立つ言《い》い方《かた》をしなくてもいいのに。

気《き》が置《お》けない

意味
気楽《きらく》につき合《あ》える。

解説
「気《き》」とは気持《きも》ち、「置《お》ける」はそこに留《と》めるという意味《いみ》。気《き》を使《つか》うと疲《つか》れる。反対《はんたい》に「気が置《お》けない」は気《き》を使《つか》わず、自然体《しぜんたい》でいられる心地《ここち》よい関係《かんけい》の人を指《さ》す。

気《き》が置《お》けない人こそ、大事《だいじ》にしたいね。

気《き》が引《ひ》ける

意味 気後《きおく》れする。引《ひ》け目《め》を感《かん》じること。

解説 「気《き》」は気持《きも》ち。「引《ひ》く」は後《うし》ろに退《しりぞ》くこと。自分《じぶん》が他人《たにん》に迷惑《めいわく》をかけるのではないかと思《おも》い、遠慮《えんりょ》してしまう気持《きも》ちを表《あらわ》す。

あまりに期待《きたい》がされすぎると、気《き》が引《ひ》けちゃうよ。

牙《きば》を剥《む》く

意味 相手《あいて》に対《たい》する敵意《てきい》を剥《む》きだしにする。

解説 動物《どうぶつ》が牙《きば》を剥《む》く時《とき》の、これ以上近《いじょうちか》づくと攻撃《こうげき》するという合図《あいず》から。

ボクらが牙《きば》を剥《む》く時《とき》は、喧嘩《けんか》を避《さ》けるためだけどね。

脚光《きゃっこう》を浴《あ》びる

意味 注目《ちゅうもく》される。世間《せけん》の注目《ちゅうもく》の的《まと》となる。

解説 「脚光《きゃっこう》」は舞台《ぶたい》で俳優《はいゆう》を足元《あしもと》から照《て》らす照明《しょうめい》のこと。脚光《きゃっこう》を浴《あ》びるのはその場《ば》の中心《ちゅうしん》となる役者《やくしゃ》で、観客《かんきゃく》から注目《ちゅうもく》されることから。

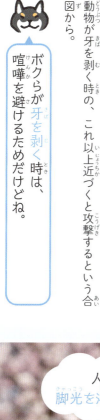

肝《きも》を冷《ひ》やす

意味

危《あぶ》ない目にあい、驚《おどろ》き、恐《おそ》れて、ひやりとする。

解説

肝臓《かんぞう》は人間《にんげん》の大事《だいじ》な部分《ぶぶん》で、元気《げんき》の源《みなもと》。「肝試《きもだめ》し」などと言《い》うように、「肝《きも》」とは物事《ものごと》に動《どう》じない心《こころ》、度胸《どきょう》のこと。「冷《ひ》やす」は驚《おどろ》かされるという意味《いみ》がある。

この前《まえ》、車にひかれそうなって、肝《きも》を冷《ひ》やしたよー。

気《き》を揉《も》む

意味

あれこれと心配《しんぱい》する。やきもきする。

解説

何《なに》かを揉《も》むと、中身《なかみ》があちこちへいく。あれこれと考《かんが》えて、気持《きも》ちがあちこちへと動《うご》いて落《お》ち着《つ》かない状態《じょうたい》。

あれこれと気《き》を揉《も》まないほうが上手《うま》くいくこともあるよ。

群《ぐん》を抜《ぬ》く

意味

多数《たすう》の中で特別《とくべつ》に優《すぐ》れている。

解説

「抜群《ばつぐん》」という言《い》い方《かた》をするが、それと同《おな》じ意味《いみ》。群《む》れから抜《ぬ》きん出《で》て優《すぐ》れている様子《ようす》を表《あらわ》す。

うちのお母《かあ》さんが群《ぐん》を抜《ぬ》いて一番《いちばん》に決《き》まってる!

煙《けむ》に巻《ま》く

意味

相手《あいて》を惑《まど》わせたり、ごまかしたりする。

解説

「煙《けむり》」の中では何《なに》も見えず、方向《ほうこう》も分《わ》からなくなり、息苦《いきぐる》しい。相手《あいて》を煙《けむり》で包《つつ》んで考《かんが》えを分《わ》からなくするというイメージ。

巧《たく》みな話術《わじゅつ》で煙《けむ》に巻《ま》く人より、煙《けむり》玉を使《つか》う忍者《にんじゃ》を見たい。

匙《さじ》を投《な》げる

意味

もうどうにもならないと見込《みこ》み諦《あきら》める。

解説

昔《むかし》の医者《いしゃ》は匙《さじ》を使《つか》って薬《くすり》の材料《ざいりょう》を計り、混《ま》ぜ合《あ》わせていた。その薬《くすり》を計る匙《さじ》を投《な》げ出《だ》して治療《ちりょう》をやめ、病人《びょうにん》を見放《みはな》すことから、「諦《あきら》める」という意味《いみ》となった。

やってもやってもブラッシングが終わらない
※柴犬の抜け毛はハンパない量なのだ
ついにお母さんもさじを投げた。

幸《さい》先《さき》がいい

意味

物事《ものごと》を始《はじ》めるに当《あ》たって何《なに》かよいことがあり、うまくいきそうな感《かん》じがする。

解説

「幸」は、幸《しあわ》せで運《うん》が良《よ》い、さいわい。「先」は未来《みらい》、将来《しょうらい》を表《あらわ》す。先に幸《しあわ》せが待《ま》っているイメージ。

しびれを切《き》らす

意味
待《ま》ちくたびれる。

解説
あまりに長《なが》く待《ま》たされて、長《なが》く座《すわ》っていたりしていると、足《あし》の感覚《かんかく》がなくなり、我慢《がまん》できなくなる。

関《せき》の山《やま》

意味

せいぜいそれぐらいという限度《げんど》。一生懸命《いっしょうけんめい》やってできる可能《かのう》な限度《げんど》。これ以上《いじょう》はできないという、力の限界《げんかい》。

解説

江戸時代《えどじだい》に栄《さか》えた三重県《みえけん》の「関《せき》」という町にある祭《まつ》りの「山車《だし》」が立派《りっぱ》で、それ以上《いじょう》のものは望《のぞ》めない、また、街道《かいどう》ぎりぎりを通過《つうか》する様子《ようす》から、これが目一杯《めいっぱい》という意《い》味《み》になったと言《い》われている。

ねこじゃらしを
お母さんに
持って帰ろう
捨てられるのが
関の山
じゃないの？

雀《すずめ》の涙《なみだ》

意味 とても少ない。ごくわずか。

解説 小さな雀《すずめ》が流《なが》す涙《なみだ》は、ものすごく少《すく》ない、というものの例《たと》え。

雀《すずめ》の涙《なみだ》ほどのおこづかいでも、もらえるだけいいよ。

ちょっと雑学

量《りょう》が少《すく》ないことを「雀《すずめ》の涙《なみだ》」と言《い》いますが、植物《しょくぶつ》の名前《なまえ》にも小さいことを意味《いみ》する時《とき》に、スズメノカタビラ、スズメノエンドウ、スズメノテッポウ、スズメノヤリ、スズメウリなんてふうに「スズメ」がつけられていたりします。昔《むかし》の人には、雀《すずめ》がそれくらい身近《みぢか》な生《い》き物《もの》で、小さいものの代表《だいひょう》だったんですね。

世話《せわ》が焼《や》ける

意味 他人《たにん》の助《たす》けが必要《ひつよう》で、手数《てかず》がかかる。面倒《めんどう》である。

解説 「焼《や》く」は、ここではあれこれと心を働《はたら》かせる、気を配《くば》る意味《いみ》。「手を焼《や》く」の「焼《や》く」も同じ。

小さな子は世話《せわ》が焼《や》けるけど、その分、可愛《かわい》いよ。

精《せい》を出《だ》す

意味 一生懸命《いっしょうけんめい》に働《はたら》く。こつこつ物事《ものごと》をする。

解説 「精《せい》」とは、魂《たましい》、気力、エネルギーなどの意味《いみ》。それを出すほど、全力《ぜんりょく》で物事《ものごと》に取《と》り組《く》んでいる様子《ようす》を表《あらわ》す。

ゲームのレベル上げに精《せい》を出《だ》す、って使《つか》い方間違《かたまちが》ってるかな？

た

大《だい》事《じ》を取《と》る

意味
用心《ようじん》して行動《こうどう》する。

解説
大きな出来事《できごと》に向《む》かう時《とき》は、軽々《かるがる》しく行動《こうどう》せずに、細心《さいしん》の注意《ちゅうい》を払《はら》うことから。

大事を取って
柵を高くしておこう
脱走歴あり

高《たか》嶺《ね》の花《はな》

意味

遠《とお》くから見るだけで手《て》に入れられないもの。

解説

「高嶺《たかね》」とは高《たか》い山のてっぺんのこと。遠《とお》い向《む》こうの山頂《さんちょう》に咲《さ》いている花は、欲《ほ》しくても手が届《とど》かないことから。遠《とお》くから見るだけで手に入れられないもの、憧《あこが》れるだけで自分《じぶん》にはほど遠《とお》いものの例《たと》え。

峠《とうげ》を越《こ》す

意味

一番危《あぶ》ないところを過《す》ぎる。

解説

「峠《とうげ》」とは山の一番高《いちばんたか》い部分《ぶぶん》を指《さ》し、そこを越《こ》えて向《む》こう側《がわ》に行《い》く意味《いみ》。峠《とうげ》を過《す》ぎれば、あとは下《くだ》り坂《ざか》で少《すこ》し楽《らく》になることから、何《なに》か大変《たいへん》なことが起《お》こった時《とき》、一番厳《いちばんきび》しいところをなんとか乗《の》り越《こ》えられた、という意味《いみ》で使《つか》われる。

棚《たな》に上《あ》げる

意味
そのままにしておく。自分《じぶん》の不都合《ふつごう》なことは先送《さきおく》りにして触《ふ》れずにおく。

解説
物《もの》を棚《たな》の高《たか》い場所《ばしょ》に上げれば、その物《もの》が見えにくくなる。困《こま》ったことや、やりたくないことがあった時《とき》に、まるで高《たか》い棚《たな》の上に置《お》いてしまうように、そこにあるのは知《し》っているが、見て見ぬふりをすること。

2人ともゲームやってないで勉強しなよ
自分のことをたなにあげちゃって
ピ
ピピ

高《たか》を括《くく》る

意味
見くびる。たいしたことはないと甘《あま》く見る。

解説
「括《くく》る」には予測《よそく》の意味《いみ》がある。相手《あいて》の繁栄《はんえい》ぶりを低《ひく》く見積《つ》もり、相手《あいて》を甘《あま》くみたために戦《いくさ》に負《ま》けてしまった例《たと》え。

よく知《し》らないのに高《たか》を括《くく》るとひどい目にあうよ。

竹《たけ》を割《わ》ったよう

意味
さっぱりした性格《せいかく》である様子《ようす》。

解説
竹は繊維《せんい》が真《ま》っすぐで、縦《たて》に刃《は》を入れるとキレイに割《わ》れる。そのように真《ま》っすぐで、さっぱりした人柄《ひとがら》を指《さ》す。

竹《たけ》を割《わ》ったような性格《せいかく》の人ばかりだったらラクなのにね。

太刀打《たちう》ちできない

意味 とてもかなわない。

解説 「太刀打《たちう》ち」は刀で斬《き》り合うこと。太刀《たち》でまともに張《は》り合《あ》って勝《か》てる相手《あいて》ではないという例《たと》え。

どんなに元気《げんき》な人でも、若《わか》さには太刀打《たちう》ちできない！

立《た》つ瀬《せ》がない

意味 立場《たちば》を失《うしな》い、面目《めんぼく》が立たない。自分《じぶん》の立場《たちば》がなくなる。

解説 「瀬《せ》」とは、川の水が浅《あさ》くて歩いて渡《わた》れる場所《ばしょ》。その瀬《せ》に立てる場所《ばしょ》がない、という意味《いみ》から。

みんなの前《まえ》で注意《ちゅうい》されたら、僕《ぼく》の立《た》つ瀬《せ》がないよ。

頼《たの》みの綱《つな》

意味 頼《たよ》りにしている人や物《もの》。

解説 海《うみ》で溺《おぼ》れそうになった時《とき》、綱《つな》につかまり助《たす》かろうとすることから。それしかない、という例《たと》え。

あれこれ反抗《はんこう》してみても、結局《けっきょく》、頼《たの》みの綱《つな》はお母《かあ》さんだよ。

長蛇《ちょうだ》の列《れつ》

意味 長《なが》い列《れつ》のこと。

解説 人の列《れつ》が続《つづ》いて、まるで一つの長《なが》い蛇《へび》のようになっているという例《たと》え。

新《あたら》しいラーメン屋《や》さんができると、いつも長蛇《ちょうだ》の列《れつ》だ。おいしいのかな？

血《ち》も涙《なみだ》もない

意味 思《おも》いやりが少《すこ》しもない。

解説 血《ち》と涙《なみだ》は人間《にんげん》らしさを表《あらわ》す。血《ち》も涙《なみだ》もない、ということは、全《まった》く人情味《にんじょうみ》がなく機械《きかい》のようで、人でなし。冷酷《れいこく》そのもの。

血《ち》も涙《なみだ》もない人とは付《つ》き合《あ》わない方がいいよ。

面《つら》の皮《かわ》が厚《あつ》い

意味 あつかましい。ずうずうしい。

解説 「面《つら》の皮《かわ》」とは、顔《かお》の皮《かわ》のこと。顔《かお》の皮《かわ》が厚《あつ》いため、どんな時《とき》でも表情《ひょうじょう》が分《わ》からず、平気《へいき》でふるまえるという例《たと》え。

あんなことしたくせに平気《へいき》で話《はな》しかけてくるなんて、なんて面《つら》の皮《かわ》の厚《あつ》いヤツ！

天《てん》狗《ぐ》になる

意味 いい気になってうぬぼれる。

解説 自慢《じまん》して鼻《はな》を高くする様子《ようす》を、鼻《はな》の高い天狗《てんぐ》に例《たと》えた。実《じつ》力《りょく》もないのにうぬぼれている人を指《さ》していう。

ちょっと褒《ほ》めると、すぐ天狗《てんぐ》になるんだから。

頭《とう》角《かく》を現《あらわ》す

意味 才能《さいのう》や技術《ぎじゅつ》などが他《ほか》の者《もの》より優《すぐ》れ、目立つようになる。

解説 「頭角《とうかく》」とは頭《あたま》の先や動物《どうぶつ》の角《つの》のこと。群《む》れの中で頭《あたま》や角《つの》が見えると、目立ってみえることから。

あの子が頭角《とうかく》を現《あらわ》したのは、ずっと努力《どりょく》していたからだね。

途《と》方《ほう》に暮《く》れる

意味

どうしてよいかわからず、困《こま》り果《は》てる。

解説

「途方《とほう》」は方法《ほうほう》や方角《ほうがく》という意味《いみ》。日が暮《く》れて暗《くら》くなり、時間《じかん》がないのに、どちらに行《い》っていいか分《わ》からない状況《じょうきょう》を表《あらわ》す。

これを一体
どうしたらいいのか、
途方《とほう》に暮《く》れる…

取《と》り付《つ》く島《しま》もない

意味

全《まった》く相手《あいて》にしてもらえず、話《はなし》もできない。

解説

船《ふね》で海《うみ》に出て、休憩《きゅうけい》したくても近《ちか》くに島《しま》が全《まった》くなく、どこにも船《ふね》を停《と》めることができない状況《じょうきょう》の例《たと》え。

怒《いか》っている最中《さいちゅう》に何《なに》を言《い》っても取《と》り付《つ》く島《しま》もない。

取《と》るに足《た》りない

意味

取《と》り上《あ》げるだけの価値《かち》はない。つまらない。

解説

そのことに価値《かち》が足りないため、話題《わだい》としてわざわざ取《と》り上《あ》げる必要《ひつよう》はない、ということ。

取《と》るに足《た》りない話題《わだい》で、ずっと盛《も》り上《あ》がれるのは才能《さいのう》の一つ。

根《ね》も葉《は》もない

意味

全《まった》く根拠《こんきょ》がない。でたらめ。

【類義語《るいぎご》】事実無根《じじつむこん》、口《くち》から出まかせ

解説

根《ね》っこも葉《は》っぱもない状態《じょうたい》で、花だけが咲《さ》くことはない。それと同じように、噂話《うわさばなし》も根拠《こんきょ》や証拠《しょうこ》がなければ、それを事実《じじつ》と信《しん》じることはできない。

音《ね》を上《あ》げる

意味

降参《こうさん》する。

解説

「音」は人の声《こえ》のこと。泣《な》き声《こえ》を上げるということから。苦《くる》しさに耐《た》えられず声《こえ》を立てる。弱音《よわね》を吐《は》く。

化《ば》けの皮《かわ》がはがれる

意味
隠《かく》していた本性《ほんしょう》、素性《すじょう》、真相《しんそう》などが現《あらわ》れる。

解説
正体《しょうたい》を包《つつ》み隠《かく》して化《ば》けていたものが取《と》れてしまえば、本当《ほんとう》の姿《すがた》が分《わ》かる。悪事《あくじ》があらわになるといった悪《わる》い意味《いみ》で使《つか》われる。

万《ばん》事《じ》休《きゅう》す

意味

どんな方法《ほうほう》もなく、もうおしまい。もはや施《ほどこ》す手段《しゅだん》がなく、万策《ばんさく》尽《つ》きる。

解説

「万事《ばんじ》」は、すべての物事《ものごと》という意味《いみ》。「休《きゅう》す」は止《と》まる、終《お》わりを意味《いみ》する。すべてのことはおしまいで、もう何《なに》をしてもだめだという場合《ばあい》に使《つか》う。

今日こそシャンプーするよ
抱っこで連れて行かれた
万事休すね

日《ひ》の目《め》を見《み》る

意味
世《よ》の中に知《し》られる。今《いま》まで知《し》られていなかったものが、ようやく世《よ》に認《みと》められる。

解説
「日《ひ》の目《め》」とは、日《ひ》の光《ひかり》のこと。日《ひ》の光《ひかり》に当《あ》たることは、人目《ひとめ》にふれる場所《ばしょ》に出る、という意味《いみ》。

踏《ふ》んだり蹴《け》ったり

意味
さんざんであること。重《かさ》ね重《がさ》ねひどい目《め》にあうこと。

【類義語《るいぎご》】 弱《よわ》り目《め》にたたり目《め》、泣《な》きっ面《つら》に蜂《はち》

解説
足で踏《ふ》まれた上に、さらに蹴《け》られたという例《たと》えで、いくつかの災難《さいなん》が同時《どうじ》に続《つづ》いて散々《さんざん》な目《め》にあうことから。

舟《ふね》をこぐ

意味 いねむりをする。

解説 座《すわ》ったまま身体《からだ》を前後《ぜんご》に揺《ゆ》らして居眠《いねむ》りをする姿《すがた》が、舟《ふね》をこぐ姿《すがた》に似《に》ていることから。

舟をこいでる…
← 勉強につきあってるつもり

白《はく》紙《し》に戻《もど》す

意味 これまでのことをなかったものとしてもとに戻《もど》す。

解説 白紙《はくし》は白い紙《かみ》には何《なに》も書《か》いていないことから。何《なに》もなかった状態《じょうたい》に戻《もど》す、という例《たと》え。

今《いま》までのことを全部《ぜんぶ》白紙《はくし》に戻《もど》すなんて、まるでマジシャンみたいだね。

非《ひ》の打《う》ち所《どころ》がない

意味 欠点《けってん》がなく、完全《かんぜん》である。

解説 「非《ひ》」とは非難《ひなん》するべき場所《ばしょ》のこと。どこにも悪《わる》い部分《ぶぶん》がないので、それに印《しるし》をつけることができない。

すべてに非《ひ》の打《う》ち所《どころ》がない人って、ちょっと怖《こわ》いなぁ。

袋《ふくろ》のねずみ

意味 逃《に》げられないこと。

解説 袋《ふくろ》の中に追《お》い詰《つ》められたねずみのように、まわりをすっかり囲《かこ》まれてどこにも逃《に》げ場《ば》がないことから。

「犯人《はんにん》はもう袋《ふくろ》のねずみだ」って、刑事《けいじ》ドラマでよく言《い》うね。

蓋《ふた》を開《あ》ける

意味 ものごとを実際《じっさい》に始《はじ》める。また、物事《ものごと》の結果《けっか》を見る。

解説 蓋《ふた》が閉《し》まっていては中が見られない。あれこれ想像《そうぞう》するより、その蓋《ふた》を開《あ》ければ中身《なかみ》が分かる。未知《みち》のものに向《む》かって行動《こうどう》する例《たと》え。

勝負《しょうぶ》のゆくえは蓋《ふた》を開《あ》けてみるまで分《わ》からないものさ。

墓穴《ぼけつ》を掘《ほ》る

意味 自分《じぶん》で自分《じぶん》の状況《じょうきょう》を悪《わる》くする。

【類義語《るいぎご》】自業自得《じごうじとく》、自分《じぶん》で自分《じぶん》の首《くび》を絞《し》める

解説 自分《じぶん》が入るためのお墓《はか》の穴《あな》を自分自身《じぶんじしん》で掘《ほ》るような行為《こうい》だ、という例《たと》え。

調子《ちょうし》に乗《の》ってペラペラ喋《しゃべ》ってると、墓穴《ぼけつ》を掘《ほ》るよ。

骨《ほね》を折《お》る

意味 苦労《くろう》する。力を尽《つ》くす。人の世話《せわ》をする。

【類義語《るいぎご》】身《み》を粉《こ》にする、身《み》を削《けず》る

解説 骨《ほね》が折《お》れるほどの苦労《くろう》をする、という例《たと》え。それが報《むく》われなかった時《とき》には「無駄骨《むだぼね》を折《お》る」という。

骨《ほね》を折《お》ったんだから、いいことあるよ。

身《み》につまされる

意味
自分《じぶん》のことのように思《おも》いやられる。

解説
「つまされる」というのは、他人《たにん》の不幸《ふこう》に心を動《うご》かされる、気《き》の毒《どく》に思うという意味《いみ》がある。それを我《わ》が身《み》のことのように感《かん》じる、ということ。

ジョンくん絶食だって…
ヒィ！身につまされるね

物《もの》心《ごころ》が付《つ》く

意味

幼児期《ようじき》を過《す》ぎるくらいまで成長《せいちょう》して、世《よ》の中のことが少しずつ分《わ》かり始《はじ》めてくる。

解説

まだ幼《おさな》いながらに、世《よ》の中の物事《ものごと》について理解《りかい》できるくらいの心（分別《ふんべつ》）が付《つ》いてきた、ということ。

いよいよ今日は発表会。
お姉ちゃんは物心が付いたころから
ピアノを習っていたんだよ。

的《まと》を射《い》る

意味 うまく要点《ようてん》をつかむ。

解説 的《まと》を狙《ねら》って、矢や弾《たま》が的《まと》に命中《めいちゅう》することから、物事《ものごと》の肝心《かんじん》な点をとらえること、うまく大事《だいじ》な要点《ようてん》をつかんだという例《たと》えに使《つか》われる。

的《まと》を射《い》た発言《はつげん》ができる人ってカッコいい！

真《ま》に受《う》ける

意味 本当《ほんとう》のことだと思《おも》う。言葉《ことば》どおりに受《う》け取《と》る。

解説 「真《ま》」は、真実《しんじつ》を表《あらわ》す。つまり、真実《しんじつ》だと受《う》け取《と》るということ。

つい、いつも冗談《じょうだん》を真《ま》に受《う》けちゃうんだよねー。

水《みず》のあわ

意味 努力《どりょく》がむだになること。

解説 水の中から上がってきたあわは、水面《すいめん》に上がった途端《とたん》にすぐに消《き》えてしまう、というはかなさの例《たと》え。

試合《しあい》の日に風邪《かぜ》をひいたら、今までの練習《れんしゅう》が水《みず》のあわだよ。

水《みず》を打《う》ったよう

意味 大勢《おおぜい》の人が、静《しず》まり返《かえ》っている様子《ようす》。

解説 「水を打《う》つ」は、打《う》ち水《みず》といって地面《じめん》に水をまくこと。水をまくと砂《すな》ぼこりが立たなくなることから。

水《みず》を打《う》ったように静《しず》まり返《かえ》った場所《ばしょ》は緊張《きんちょう》しちゃう。

身《み》も蓋《ふた》もない

意味　言葉《ことば》がはっきりとしすぎていて、おもしろみも何《なに》もない。

解説　物《もの》を入れる部分《ぶぶん》も蓋《ふた》もなければ、容器《ようき》にはならないという例《たと》え。

いくら本当《ほんとう》でも、そんな言《い》い方《かた》をしたら、身《み》も蓋《ふた》もないよ。

身《み》を削《けず》る

意味　自分《じぶん》の体《からだ》が弱《よわ》るほどに苦労《くろう》したり、心《こころ》が痛《いた》んだりする。

解説　体《からだ》がやせ細《ほそ》るほどに努力《どりょく》し苦労《くろう》することの例《たと》え。

先生たちも身《み》を削《けず》る想《おも》いで教《おし》えてくれているんだよね。

虫《むし》の知《し》らせ

意味　予感《よかん》。よくないことが起《お》こりそうであると感《かん》じること。

解説　人の体の中に感情《かんじょう》をつかさどる虫がいると考えられていたことから、その虫が悪《わる》いことを知らせる、という例《たと》え。他《ほか》にも「腹《はら》の虫がおさまらない」「虫のいどころが悪《わる》い」という。

おどかしてやるぞ
フフフ…
引き返そう
悪い虫の知らせが…

虫《むし》のいどころが悪《わる》い

意味
機嫌《きげん》が悪《わる》い。普段《ふだん》は平気《へいき》なことでも腹《はら》が立つ。

解説
体内にいて感情《かんじょう》をつかさどる虫のいどころ（いる場所《ばしょ》）が悪《わる》いために、機嫌《きげん》が悪《わる》くなっている、という言葉《ことば》。

お母《かあ》さんったら、朝《あさ》から虫《むし》のいどころが悪《わる》いんだ。

元《もと》も子《こ》もない

意味
成果《せいか》だけでなく、失《うしな》う必要《ひつよう》のないものまで失《うしな》う。

解説
「元《もと》」は元金《がんきん》、「子《こ》」は利子《りし》のこと。投資《とうし》をして利子《りし》を得《え》るはずだったのに、失敗《しっぱい》して元金《がんきん》も全《すべ》て失《な》くしてしまう例《たと》え。

無理《むり》して体を壊《こわ》したら、元《もと》も子《こ》もないよ。

我《われ》を忘《わす》れる

意味
夢中《むちゅう》になる。興奮《こうふん》して理性《りせい》を失《うしな》う。

解説
物事《ものごと》に夢中《むちゅう》になると、心《こころ》を奪《うば》われてぼんやりすることから、あることを忘《わす》れたり、自分《じぶん》で自分《じぶん》の本心《ほんしん》を忘《わす》れたりする。

我を忘れて遊んでいたら、すっかり暗くなってしまった。

犬のことわざ

犬猿《けんえん》の仲《なか》

意味 仲《なか》が悪《わる》いこと。

解説 犬《いぬ》と猿《さる》は、仲《なか》が悪《わる》いといわれていることから。

夫婦喧嘩《ふうふげんか》は犬《いぬ》も食《く》わぬ

意味

夫婦喧嘩《ふうふげんか》は些細《ささい》なことが原因《げんいん》なので他人《たにん》が心配《しんぱい》しても仕方《しかた》ない。

解説

夫婦喧嘩《ふうふげんか》の原因《げんいん》は、大したことのないことが多《おお》く、大抵《たいてい》の場合《ばあい》はすぐに仲直《なかなお》りするので、ほっておくのが一番《ばん》。何《なん》でも食《た》べる犬でさえ関心《かんしん》がないことから。

くつ下を うら返しに ぬがないでよ
いちいち うるさいな
パパとママ ケンカしてるよ
夫婦げんかは 犬も食わない 放っておこうよ

犬《いぬ》も歩《ある》けば棒《ぼう》にあたる

意味
余計《よけい》なことをするとよくないことが起《お》こる。または出歩《である》けば、思《おも》わぬ幸運《こううん》に出会《であ》う。

解説
犬《いぬ》が積極的《せっきょくてき》に歩《ある》き回《まわ》っていると、棒《ぼう》を持《も》った人間《にんげん》に打《う》ち叩《たた》かれることがあることから。また、特《とく》に取《と》り柄《え》のない者《もの》でも、犬《いぬ》でも、歩《ある》き回《まわ》れば何《なに》か必《かなら》ず見《み》つけられる、という例《たと》え。

犬《いぬ》が西《にし》向《む》きゃ尾《お》は東《ひがし》

意味
当《あ》たり前《まえ》のことの例《たと》え。

解説
犬《いぬ》が西《にし》の方向《ほうこう》を向《む》くと頭《あたま》は西《にし》に、当然《とうぜん》、尻尾《しっぽ》は東《ひがし》を向《む》くことから。

負《ま》け犬《いぬ》の遠吠《とおぼ》え

意味
相手《あいて》よりも自分《じぶん》の立場《たちば》が弱《よわ》いと感《かん》じている人や勝負《しょうぶ》に負《ま》けた人が、面《めん》と向《む》かっては何《なに》も言《い》わないのに、裏《うら》では悪口《わるくち》や文句《もんく》を言《い》うということ。

解説
弱《よわ》い犬《いぬ》ほど、強《つよ》い犬《いぬ》に対《たい》して遠《とお》く離《はな》れたところで吠《ほ》えるのを人に例《たと》えた。

飼《か》い犬《いぬ》に手《て》を噛《か》まれる

意味

世話《せわ》した人に裏切《うらぎ》られる。

解説

普通《ふつう》なら普段《ふだん》からかわいがって世話《せわ》をしていた飼《か》い犬《いぬ》に噛《か》まれることはないことから、かわいがっていた目下のものから、思《おも》いがけなく攻撃《こうげき》されたり、裏切《うらぎ》られたりすることの例《たと》え。

ことわざ58選《せん》

小学生の間に覚《おぼ》えておきたい、テストにもよく出ることわざ。
日常《にちじょう》会話でも使《つか》えるので覚《おぼ》えてみてね！

雨《あめ》降《ふ》って地《じ》固《かた》まる

意味

ものごとなど、ごたごたしたあと、かえって前《まえ》よりも安定《あんてい》する。

解説

雨《あめ》が降《ふ》ると地面《じめん》がやわらかく一度《いちど》はドロドロな状態《じょうたい》になってしまうが、雨《あめ》がやんだ後《あと》、乾《かわ》けばその地面《じめん》は、雨《あめ》が降《ふ》る前《まえ》よりも固《かた》くなることから。

いつのまにか仲よくなってる
雨降って地固まる、だね
ウー
シャー

急《いそ》がば回《まわ》れ

意味
急《いそ》ぐ時《とき》こそ、遠回《とおまわ》りをしても安全《あんぜん》な方法《ほうほう》をとった方《ほう》がよい。

【類義語《るいぎご》】急《せ》いては事《こと》をし損《そん》ずる

解説
渡《わた》し船《ぶね》は早いが、突風《とっぷう》などで出発《しゅっぱつ》できなかったり、遭難《そうなん》したりすることもあるので、急《いそ》ぐ時《とき》は遠《とお》くの橋《はし》を渡《わた》った方《ほう》が確実《かくじつ》に向《む》こう岸《ぎし》に辿《たど》り着《つ》けたことから、急《いそ》ぐ時《とき》こそ、遠回《とおまわ》りをしても安全《あんぜん》な方法《ほうほう》をとった方《ほう》が良《よ》い、という例《たと》え。

スマホの充電コードがからまった!
引っ張っちゃだめだよ
急がば回れ!!
何だかわからないやつ
お母さんのスマホ用
お父さんのひげそり用

思《おも》い立《た》ったが吉日《きちじつ》

意味

物事《ものごと》を始《はじ》めようと決心《けっしん》したら、待《ま》たずにすぐに始《はじ》めた方《ほう》が良《よ》いということ。

解説

「吉日《きちじつ》」とは、暦上《こよみじょう》で縁起《えんぎ》の良《よ》い日のこと。でも吉日《きちじつ》が来《く》るのを待《ま》っていると、その間《あいだ》に何《なに》か思《おも》わぬトラブルが起《お》きないとも限《かぎ》らず、時間《じかん》が経《た》つほど意気込《いきご》みも薄《うす》れて、結局《けっきょく》やらない、ということもある。であれば、思《おも》い立《た》ったその日こそ「吉日《きちじつ》」だと思《おも》った方《ほう》が得策《とくさく》、という言葉《ことば》。

石橋《いしばし》を叩《たた》いて渡《わた》る

意味
用心《ようじん》に用心《ようじん》を重《かさ》ねる。念《ねん》には念《ねん》を入れる。

解説
石でできた橋《はし》は頑丈《がんじょう》なのに、それを叩《たた》いて壊《こわ》れないか安全《あんぜん》を確《たし》かめてから渡《わた》るということから。

石橋《いしばし》を叩《たた》いて渡《わた》るならいいけど、叩《たた》きすぎて壊《こわ》さないようにね。

井《い》の中《なか》の蛙《かわず》、大海《たいかい》を知《し》らず

意味
自分《じぶん》の知識《ちしき》や経験《けいけん》だけにとらわれ、考《かんが》え方《かた》が狭《せま》いこと。

解説
井戸《いど》の中で暮《く》らしている蛙《かえる》に、海《うみ》がどれだけ広《ひろ》いか話《はな》しても理解《りかい》できない。他《ほか》にもっと違《ちが》う世界《せかい》があるのを知《し》らないことの例《たと》え。

大抵《たいてい》、威張《いば》っている人は、井《い》の中《なか》の蛙《かわず》、大海《たいかい》を知《し》らずだね。

言《い》わぬが花《はな》

意味
口に出さない方《ほう》がいいこと。

解説
「花」は、いいものを指《さ》す。口に出さず黙《だま》っている方がいい、という意味《いみ》。

仲《なか》のいい友達《ともだち》でも、自慢《じまん》話は言《い》わぬが花《はな》。

瓜《うり》のつるに茄子《なすび》はならぬ

意味
平凡《へいぼん》な親《おや》からは平凡《へいぼん》な子どもしか生まれないということ。
【類義語《るいぎご》】蛙《かえる》の子は蛙《かえる》　【対義語《たいぎご》】鳶《とんび》が鷹《たか》を生む

解説
子どもは親《おや》に似《に》るもの。昔《むかし》、茄子《なす》は高価《こうか》な野菜《やさい》だったため、その辺《へん》に生えている安価《あんか》な瓜《うり》からは、特別《とくべつ》な茄子《なす》はできないという例《たと》え。

勉強《べんきょう》が苦手《にがて》。「瓜《うり》のつるに茄子《なすび》はならぬ」って親《おや》に言《い》ったら怒《いか》られるかな？

えびで鯛《たい》を釣《つ》る

意味
わずかなもので大きな利益《りえき》を得《え》る。

解説
小さく安《やす》いえびをエサに釣《つ》りをして、より高価《こうか》で大きな鯛《たい》を釣《つ》るという例《たと》え。

バレンタインチョコのお返《かえ》しに指輪《ゆびわ》をもらうなんて、えびで鯛《たい》を釣《つ》ったね。

鬼《おに》のいぬ間《ま》に洗濯《せんたく》

意味
怖《こわ》い人がいない間に、のんびりくつろぐこと。

解説
親《おや》、上司《じょうし》、先生など目上の怖《こわ》い人を鬼《おに》に例《たと》え、いない間《あいだ》に気を休めること。「洗濯《せんたく》」は心《こころ》の洗濯《せんたく》のことで、気持《きも》ちをスッキリさせる意味《いみ》。

お母《かあ》さんが留守《るす》の間、お兄ちゃんは鬼《おに》のいぬ間《ま》に洗濯《せんたく》とばかりにゲーム三昧《ざんまい》。

帯《おび》に短《みじか》したすきに長《なが》し

意味
中途半端《ちゅうとはんぱ》で何にも使《つか》えず、役《やく》に立たないこと。

解説
帯《おび》にしようとすると短《みじか》すぎるし、たすきにするには長《なが》すぎるので、どちらにも使《つか》えないことから。

紐《ひも》が帯《おび》に短《みじか》したすきに長《なが》し、だったら切れば良《よ》くないかな？

おぼれる者《もの》はわらをもつかむ

意味
身《み》に危険《きけん》が迫《せま》っている時は、どんなものでも頼《たよ》ること。

解説
水中でおぼれている人は、到底《とうてい》体を支《ささ》えられないわらのようなものにでも必死《ひっし》に掴《つか》んで助《たす》かろうとする例《たと》え。

妹に宿題《しゅくだい》を手伝《てつだ》わせるなんて、おぼれる者《もの》はわらをもつかむだね。

果《か》報《ほう》は寝《ね》て待《ま》て

意味

幸運《こううん》は焦《あせ》らずに待《ま》っていればやってくる。

解説

「果報《かほう》」は過去《かこ》の報《むく》いで、やってくる良《よ》い知らせ。その結果《けっか》はもう決《き》まっているのだから焦《あせ》らず待《ま》てということ。

弘法《こうぼう》にも筆《ふで》の誤《あやま》り

意味

どんな優《すぐ》れた人でも失敗《しっぱい》はする

【類義語《るいぎご》】 かっぱの川流《かわなが》れ、猿《さる》も木から落《お》ちる

解説

平安時代《へいあんじだい》の書の達人《たつじん》の弘法大師《こうぼうだいし》・空海が「応天門《おうてんもん》」という額《がく》の字を書いた時、応の字の点が一つ足りなかったという話から、どんな達人《たつじん》でも失敗《しっぱい》することはある、という意味《いみ》。

一流シェフがお肉をこがした!!
弘法にも筆の誤り…

蛙《かえる》の子《こ》は蛙《かえる》

意味

子どもは親《おや》に似《に》る。**【類義語《るいぎご》】瓜《うり》のつるに茄子《なすび》はならぬ**

解説

オタマジャクシは姿《すがた》や形はカエルに似《に》ていないが、やがてカエルになる。褒《ほ》め言葉《ことば》では使《つか》わず、子が平凡《へいぼん》なのは親に似《に》たからだ、という意味《いみ》。

どうせ蛙《かえる》の子《こ》は蛙《かえる》、なんて諦《あきら》めないで。大人《おとな》になってからが勝負《しょうぶ》だよ！

壁《かべ》に耳《みみ》あり障子《しょうじ》に目《め》あり

意味

秘密《ひみつ》は漏《も》れやすい。

解説

耳を当《あ》てれば聞《き》こえる砂壁《すなかべ》、指《ゆび》で穴《あな》を開《あ》けて覗《のぞ》くことのできる障子《しょうじ》の部屋《へや》では会話《かいわ》は筒抜《つつぬ》け。誰《だれ》が聞《き》いているかわからないという戒《いまし》め。

悪《わる》い隠《かく》し事《ごと》をしても、壁《かべ》に耳《みみ》あり障子《しょうじ》に目《め》あり。素直《すなお》に話した方が良《よ》いよ。

かわいい子《こ》には旅《たび》をさせよ

意味

子どもは苦労《くろう》させた方《ほう》が本人のためになる。

解説

旅《たび》ではさまざまなことを学べる。親《おや》が子どもを思《おも》うなら、困難《こんなん》な道《みち》を歩《あゆ》むことになっても、旅《たび》をした経験《けいけん》は子どもの成長《せいちょう》になる、という考《かんが》え。

鴨《かも》がねぎを背負《せお》ってくる

意味

好都合《こうつごう》が重《かさ》なること。

解説

鴨《かも》は簡単《かんたん》に捕《つか》まえられる鳥。その鴨《かも》がねぎまで背負《せお》ってきてくれたら、すぐ鍋《なべ》にできて好都合《こうつごう》という例《たと》え。

友達《ともだち》がおやつ持参《じさん》で来るなんて、鴨《かも》がねぎを背負《せお》ってくるようなものだよ。

木《き》を見《み》て森《もり》を見《み》ず

意味

些細《ささい》なことばかり注意《ちゅうい》していると全体《ぜんたい》を見失《みうしな》う。

解説

物事《ものごと》の一部分《いちぶぶん》や細部《さいぶ》に気を取《と》られて、全体《ぜんたい》を見失《みうしな》うこと。一本一本の木に注意《ちゅうい》を奪《うば》われると、森全体《ぜんたい》を見なくなることから。

作文《さくぶん》の内容《ないよう》がいいのに細《こま》かい間違《まちが》いばかり指摘《してき》するのは、木《き》を見《み》て森《もり》を見《み》ずだよ。

くさっても鯛《たい》

意味

よいものは、古くなっても価値《かち》がある。

解説

縁起物《えんぎもの》の鯛《たい》は、たとえ古《ふる》くなって多少傷《たしょういた》んでも食《た》べられて、他《ほか》の魚《さかな》より価値《かち》があるという考《かんが》え。

くさっても鯛《たい》っていうけど、食《た》べるならくさってない鯛《たい》の方《ほう》がいいなぁ。

怪我《けが》の功名《こうみょう》

意味

失敗《しっぱい》だと思《おも》ったことが、良《よ》い結果《けっか》に変《か》わること。

解説

「怪我《けが》」は過《あやま》ちや失敗《しっぱい》のこと。「功名《こうみょう》」は手がらを上げること。失敗《しっぱい》のおかげで良《よ》い結果《けっか》があったという意味《いみ》。

道《みち》を間違《まちが》えたら、偶然《ぐうぜん》、怪我《けが》の功名《こうみょう》で友達《ともだち》に会《あ》えた!

朱《しゅ》に交《まじ》われば赤《あか》くなる

意味

付《つ》き合《あ》っている友人《ゆうじん》によって良《よ》くも悪《わる》くもなる。

解説

朱《しゅ》は朱色《しゅいろ》という昔《むかし》の赤色《あかいろ》のこと（神社《じんじゃ》の鳥居《とりい》や漆《うるし》のお椀《わん》、朱肉《しゅにく》などに使《つか》われている色《いろ》）。その朱色《しゅいろ》はごく少量《しょうりょう》であっても、布《ぬの》や紙《かみ》、水に垂《た》らせばすぐに赤く染《そ》まってしまうことから。

あの子犬が
すっかり
変わってしまった
朱に交われば
赤くなる…か

仕事なんか
休んじゃえよ
へっへっ
今日も
草が
ウマイ！

知《し》らぬが仏《ほとけ》

意味
知《し》ったら腹《はら》が立つようなことでも、知《し》らなければ平気《へいき》。

解説
不愉快《ふゆかい》なことを知《し》れば、それで腹《はら》が立ったり悩《なや》んだりするが、何《なに》も知《し》らなければ、いつもおだやかで仏様《ほとけさま》のように平和《へいわ》な心《こころ》でいられることから。

釈《しゃ》迦《か》に説《せっ》法《ぽう》

意味

知《し》り尽《つ》くしている人に、説明《せつめい》する必要《ひつよう》のないことを説明《せつめい》する。

解説

説法《せっぽう》とは、仏教《ぶっきょう》の教《おし》えを説《と》くこと。仏教《ぶっきょう》の教《おし》えを説《と》いたお釈迦様《しゃかさま》に、それよりも知識《ちしき》のない者《もの》が説法《せっぽう》をすることは愚《おろ》かなことのため。

先生に教育《きょういく》のことを語るなんて、釈迦《しゃか》に説法《せっぽう》だよ。

失《しっ》敗《ぱい》は成《せい》功《こう》のもと

意味

失敗《しっぱい》は原因《げんいん》をつきとめて改善《かいぜん》すれば、むしろ成功《せいこう》につながる。

解説

失敗《しっぱい》から学びを得《え》ることで、それが次《つぎ》の成功《せいこう》をもたらすのだから、失敗《しっぱい》は成功《せいこう》のもとだと言える。

たくさん失敗《しっぱい》しても大丈夫《だいじょうぶ》。失敗《しっぱい》は成功《せいこう》のもとなんだからさ。

初《しょ》心《しん》忘《わす》るべからず

意味

始《はじ》めた頃《ころ》の謙虚《けんきょ》な気持《きも》ちを持《も》ち続《つづ》けて努力《どりょく》を忘《わす》れてはいけない。

解説

物事《ものごと》に慣《な》れてくると、怠《なま》けたり、うぬぼれたりする。初《はじ》めたての時《とき》の気持《きも》ちを忘《わす》れるな、という戒《いまし》めの言葉《ことば》。

もっと上手《うま》くなりたいなら、初心忘《しょしんわす》るべからずだよ。

好《す》きこそ物《もの》の上《じょう》手《ず》なれ

意味

好《す》きでやっていることは自然《しぜん》に上手《うま》くなる。

解説

好《す》きであることが上手《じょうず》になるための良《よ》い条件《じょうけん》になるという例《たと》え。無理《むり》に嫌《いや》なことをやっても上達《じょうたつ》しない。

好《す》きなことは楽しくて苦《く》にならない。好《す》きこそ物《もの》の上手《じょうず》なれって納得《なっとく》！

立《た》つ鳥《とり》あとをにごさず

意味

自分《じぶん》のいた場所《ばしょ》を立《た》ち去《さ》る時《とき》にはちゃんと後始末《あとしまつ》をするべき。退《しりぞ》く時《とき》は潔《いさぎよ》くあるべき。

解説

「立《た》つ」は飛《と》び立《た》つの立つ。水鳥《みずどり》が飛《と》び立った後《あと》、水面《すいめん》があまり動《うご》かず、美《うつく》しいことが由《ゆ》来《らい》といわれる。

立つ鳥
あとを
にごさず
こっちに
かかって
るってば！
ザッ

月《つき》とすっぽん

意味

比《くら》べられないほど違《ちが》うこと。

【類義語《るいぎご》】雲泥《うんでい》の差《さ》

解説

月とすっぽんは同《おな》じように丸《まる》いが、月は空の上にあって美《うつく》しく、すっぽんは泥《どろ》の中で見た目も醜《みにく》いことから、両者《りょうしゃ》のイメージは真逆《まぎゃく》。まさに天と地《ち》の差《さ》がある。

出《で》る杭《くい》は打《う》たれる

意味

抜《ぬ》きん出《で》た才能《さいのう》のある人は嫉妬《しっと》されて、憎《にく》まれやすい。

解説

杭《くい》とは地面《じめん》に打《う》ち込《こ》んだ棒《ぼう》のこと。それが地面《じめん》に並《なら》んでいる時《とき》、一つだけ高《たか》く出すぎているものは叩《たた》いて、他《ほか》と高《たか》さを揃《そろ》えることから、人でも飛《と》び抜《ぬ》けて目立つと叩《たた》かれる、という例《たと》え。

あーっ、さっきぼくが高い所にマーキングしたばかりなのに…
出る杭は打たれるのさ!

ただより高《たか》いものはない

意味

ただでやってもらうつもりが、かえって高くついた。

解説

無料《むりょう》で物《もの》をもらったり、何《なに》かやってもらったりすると、そのお礼《れい》をしたり頼《たの》み事《ごと》をされたりと、返《かえ》って高《たか》くつくということ。

「無料《むりょう》」って響《ひび》きに弱《よわ》いけど、ただより高《たか》いものはないからね。

棚《たな》からぼたもち

意味

思いがけない幸運《こううん》。

解説

昔《むかし》、餅《もち》は高価《こうか》な縁起物《えんぎもの》。棚《たな》の上の餅《もち》が何かの拍子《ひょうし》で落《お》ちてきたら幸運《こううん》なこと。略《りゃく》して「たなぼた」ともいう。

偶然《ぐうぜん》、出会《であ》った親戚《しんせき》にお小遣《こづか》いをもらえるなんて棚《たな》からぼたもちだね!

塵《ちり》も積《つ》もれば山《やま》となる

意味

わずかなものでも、積《つ》もり積《つ》もれば大きなものになる。

【類義語《るいぎご》】千里《せんり》の道《みち》も一歩《ぽ》から

解説

塵《ちり》のような小さなものでも積《つ》もれば山のようになる、という例《たと》え。小さなことでもコツコツと積《つ》み重《かさ》ねていけば大きなことになるという意味《いみ》。

僕《ぼく》の抜《ぬ》け毛《げ》を1年分《ぶん》ためたらぬいぐるみが作《つく》れるよ。塵《ちり》も積《つ》もれば山《やま》となるだね。

鶴《つる》の一声《ひとこえ》

意味

権威者《けんいしゃ》・有力者《ゆうりょくしゃ》などの一言《ひとこと》で、ことが収《おさ》まる。

解説

鶴《つる》は周《まわ》りに響《ひび》き渡《わた》るような高い声で鳴くことから、一言で大勢《おおぜい》の人に知らせ、物事《ものごと》を決《き》める強い力を持《も》った人の言葉《ことば》を指《さ》す。

旅行《りょこう》先は、お母《かあ》さんの鶴《つる》の一声《ひとこえ》でハワイに決定《けってい》!

鉄《てつ》は熱《あつ》いうちに打《う》て

意味

やりたいことは情熱《じょうねつ》があるうちに早いうちにやると良《よ》い。

解説

鉄《てつ》は熱《ねっ》して柔《やわ》らかいうちに打《う》って鍛《きた》えるように、人も純粋《じゅんすい》な気持《きも》ちを持《も》っている間に鍛錬《たんれん》すべきである。適《てき》した時期《じき》を失《うしな》ってはいけない。

先生が生徒《せいと》に厳《きび》しいのも、鉄《てつ》は熱《あつ》いうちに打《う》てってことかな？

灯台下暗《とうだいもとくら》し

意味

すぐ近くのことは意外《いがい》と分からない。

解説

灯台《とうだい》は周囲《しゅうい》を明《あか》るく照《て》らすが、その下は陰《かげ》になって暗《くら》いように、自分《じぶん》のことや身近《みぢか》なことは、返《かえ》って気が付《つ》きにくいということ。

散々《さんざん》探《さが》していたものが、目の前《まえ》にあったなんて灯台下暗《とうだいもとくら》しだ！

年《とし》寄《よ》りの冷《ひ》や水《みず》

意味

年取《としと》った人が、自分《じぶん》の年齢《ねんれい》も考《かんが》えず無理《むり》をする。

解説

老人《ろうじん》が若者《わかもの》などの真似《まね》をして、冷水《れいすい》を浴《あ》びたり、冷水《れいすい》を飲《の》んだりするようなことは体に悪《わる》く、良《よ》くないということから、年をとったら無理《むり》をしない方がいいという意味《いみ》。

夕陽に向かって走るぞー
年寄りの冷や水…

時《とき》は金《かね》なり

意味

時間《じかん》はとても大切《たいせつ》。

解説

時間《じかん》はお金と同《おな》じくらいに貴重《きちょう》で大事《だいじ》なもの。だから、決《けっ》して無駄《むだ》にしてはいけないという戒《いまし》め。

ずっと悩《なや》んでる時間《じかん》がもったいない！　とりあえずやってみたら？　時《とき》は金なりだよ。

捕《と》らぬたぬきの皮算用《かわざんよう》

意味

あてにならない利益《りえき》をあてにして計画《けいかく》を立てること。

解説

まだ、たぬきを捕《つか》まえていないのに、その皮《かわ》を売《う》った時《とき》のことを考《かんが》え、いくら儲《もう》かるかを計算《けいさん》をすることから。

来年のお年玉をあてにするのは、捕《と》らぬたぬきの皮算用《かわざんよう》だね。

どんぐりの背比《せいくら》べ

意味

どれも同《おな》じくらいで優《すぐ》れたものがない。

解説

どんぐりの大きさはどれもほとんど同《おな》じで、背《せい》くらべをしても、それほど大きな違《ちが》いがないことから。

僕《ぼく》の友達《ともだち》と走る競争《きょうそう》をしたけど、どんぐりの背比《せいくら》べだったよ。

鳶《とんび》に油揚《あぶらあ》げをさらわれる

意味

自分《じぶん》のものを、いきなり横《よこ》から奪《うば》われること。

解説

鳶《とんび》は素早《すばや》く空から舞《ま》い降《お》りて獲物《えもの》をさらっていく。稲荷神社《いなりじんじゃ》のお供《そな》え物《もの》には油揚《あぶらあ》げがよく使《つか》われ、それを鳶《とんび》に取《と》られた例《たと》え。

残《のこ》しておいた僕《ぼく》のおやつを友達《ともだち》に食べられた！　鳶《とんび》に油揚《あぶらあ》げをさらわれた気分。

泣《な》きっ面《つら》に蜂《はち》

意味
不運《ふうん》に不運《ふうん》が重《かさ》なる。

【類義語《るいぎご》】 弱《よわ》り目《め》に祟《たた》り目《め》、踏《ふ》んだり蹴《け》ったり。

解説
泣《な》いている顔を、さらに蜂《はち》に刺《さ》されて、腫《は》れて痛《いた》く辛《つら》い思《おも》いをすることの例《たと》え。

習《なら》うより慣《な》れよ

記念撮影《きねんさつえい》も、
習《なら》うより慣《な》れよ、かな。

意味

習《なら》ったり調《しら》べたりするより、自分《じぶん》で体験《たいけん》してみた方《ほう》が早く身《み》につく。

解説

理屈《りくつ》や知識《ちしき》を得《え》ようと思《おも》ってあれこれ習《なら》うよりも、実際《じっさい》に自分自身《じぶんじしん》でそれを体験《たいけん》する方《ほう》が身《み》につくという教《おし》え。

ぬかに釘《くぎ》

意味

手応《てごた》えがないこと。**【類義語《るいぎご》】のれんに腕《うで》おし**

解説

ぬか漬《づ》けに使《つか》われるぬか床《どこ》は、とても柔《やわ》らかく、そこにいくら釘《くぎ》を刺《さ》しても、手応《てごた》えも効《き》き目《め》もまったくないため。

聞《き》く気がない時《とき》に、いくら説教《せっきょう》をしても、ぬかに釘《くぎ》だよ。

猫《ねこ》に小判《こばん》

意味

どんなに価値《かち》があっても、それが分《わ》からない人には価値《かち》がない。

【類義語《るいぎご》】豚《ぶた》に真珠《しんじゅ》、犬に論語《ろんご》、馬《うま》の耳に念仏《ねんぶつ》

解説

猫《ねこ》に小判《こばん》を与《あた》えても、買《か》い物《もの》して使《つか》える訳《わけ》ではないので無駄《むだ》という例《たと》え。

猫《ねこ》に小判《こばん》って言うけど、犬だって小判《こばん》もらっても意味《いみ》ないよー。

花《はな》より団子《だんご》

意味
外見《がいけん》より中身《なかみ》を重視《じゅうし》する。

解説
花見《はなみ》を楽《たの》しむ風流《ふうりゅう》さよりも、そこで食《た》べる団子《だんご》の方《ほう》がいい、という例《たと》え。風流《ふうりゅう》よりも実利《じつり》、見た目よりも実際《じっさい》の中身《なかみ》の方《ほう》を選《えら》ぶこと。

人《ひと》は見《み》かけによらぬもの

意味

本当《ほんとう》の性格《せいかく》や実力《じつりょく》は、外見《がいけん》だけでは分《わ》からないということ。

解説

「見かけ」とは、外側《そとがわ》から見た印象《いんしょう》のこと。その見た目とはまったく異《こと》なる中身《なかみ》だったという場合《ばあい》に使《つか》う。弱《よわ》そうに見えて強《つよ》い、良《よ》さそうに見せて悪《わる》い、など善悪《ぜんあく》どちらにも使《つか》える。

ウー
ウー
ウー
あのおしとやかなハナさんが優勝した！
人はみかけによらぬものだね

人《ひと》のふり見《み》てわがふり直《なお》せ

意味

他人《たにん》の行《おこな》いを見て、自分《じぶん》の悪《わる》いところを直《なお》す。

解説

他人《たにん》の行動《こうどう》は目につきやすい一方《いっぽう》で、自分《じぶん》の行動《こうどう》は意外《いがい》にも見えていないもの。他人《たにん》を見て、悪《わる》い態度《たいど》を改《あらた》めなさい、という戒《いまし》め。

火《ひ》のないところに煙《けむり》は立《た》たぬ

意味

噂《うわさ》になるには何か原因《げんいん》があるはず。

解説

火は見ていなくても、煙《けむり》があるということは、そこに火があると予測《よそく》できる。それと同《おな》じように噂《うわさ》がある場合《ばあい》、何《なに》か根拠《こんきょ》がある、という例《たと》え。

火《ひ》のないところに煙《けむり》は立《た》たぬ、っていうけど、単《たん》なる噂《うわさ》好《ず》きもいるからね。

ひょうたんから駒《こま》

意味

予想《よそう》もしていないこと、ありえないことが起《お》こる。

解説

ひょうたんは、真《ま》ん中《なか》がくびれた形《かたち》。「駒《こま》」とは馬《うま》を指《さ》し、小さなひょうたんの口から馬《うま》が出てくるということは、ありえないという例《たと》え。

冗談半分《じょうだんはんぶん》で言《い》ったのに、ひょうたんから駒《こま》で本当《ほんとう》になった！

身《み》から出《で》たさび

意味

自分《じぶん》がしたことが原因《げんいん》で苦《くる》しむ。

【類義語《るいぎご》】自業自得《じごうじとく》、因果応報《いんがおうほう》

解説

武士《ぶし》が刀《かたな》の手入れを怠《おこた》ると刀身《とうしん》からさびが出て、いざという時《とき》に使《つか》い物《もの》にならず、自分《じぶん》の身《み》（命《いのち》）を落《お》とすことになるという例《たと》え。

自分で掘った穴に落ちた！
身から出たさびだね
ずぼっ

見《み》ざる聞《き》かざる言《い》わざる

意味

他人《たにん》の悪《わる》い部分《ぶぶん》は、見《み》ない、聞《き》かない、言《い》わない方《ほう》が良《よ》い。

解説

余計《よけい》なことを見《み》たり、聞《き》いたり、言《い》ったりしない方《ほう》が良《よ》い、という教《おし》え。打《う》ち消《け》しの「ざる」と猿《さる》を掛《か》けた両目《りょうめ》、両《りょう》耳《みみ》、両口《りょうくち》をおおった三匹《ひき》の猿《さる》をかたどったものが有名《ゆうめい》。

人の欠点《けってん》や過《あやま》ちは、見ざる聞《き》かざる言《い》わざるが一番《ばん》。

実《みの》るほど頭《こうべ》を垂《た》れる稲穂《いなほ》かな

意味

優《すぐ》れた人物《じんぶつ》ほど控《ひか》えめで素直《すなお》な態度《たいど》で偉《えら》ぶったりしない。

解説

稲穂《いなほ》は実《み》が熟《じゅく》すほどに穂先《ほさき》を垂《た》れることから、人間《にんげん》も学びが多《おお》く、偉《えら》くなるほど謙虚《けんきょ》な姿勢《しせい》で人と接《せっ》するようになるという例《たと》え。

実《みの》るほど頭《こうべ》を垂《た》れる稲穂《いなほ》かな、というように、威張《いば》っている人ってたいしたことないよ。

餅《もち》は餅屋《もちや》

意味

なにごとも専門家《せんもんか》に任《まか》せた方がよい。

解説

餅《もち》は餅屋《もちや》のついたものが一番旨《いちばんうま》い。その道《みち》のことはやはり専門家《せんもんか》が一番《いちばん》であるという例《たと》え。

電気屋《でんきや》さんが来《き》たら、壊《こわ》れてたテレビがすぐに直《なお》ったよ。さすが餅《もち》は餅屋《もちや》だね。

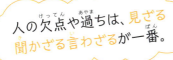

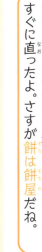

病《やまい》は気《き》から

意味

病気《びょうき》は気持《きも》ち次第《しだい》で、良《よ》くも悪《わる》くもなるということ。

【類義語《るいぎご》】心配《しんぱい》は身《み》の毒《どく》

解説

気功《きこう》などでいう生命《せいめい》エネルギーの「気」が乱《みだ》れると病気《びょうき》になる、という意味合《いみあ》い。気分が落《お》ち込《こ》んでいると病気《びょうき》になり、元気《げんき》になるのも「気《き》」の巡《めぐ》りがいいからと言《い》われている。

おばあちゃん、もう寝てなくていいの？
病は気から！
さぁ、散歩行くよー

焼《や》け石《いし》に水《みず》

意味

少《すこ》しばかりの努力《どりょく》や助《たす》けでは、何《なに》の役《やく》にも立たないこと。

解説

焼《や》いて高温《こうおん》になった石に多少《たしょう》の水をかけても、水はすぐに蒸発《じょうはつ》してしまうことから、あまり役《やく》に立たないという例《たと》え。

一夜漬《いちやづ》けで勉強《べんきょう》しても、焼《や》け石《いし》に水《みず》。でも、やらないよりマシ。

やぶをつついてへびを出《だ》す

意味

必要《ひつよう》のないことをして、面倒《めんどう》を起《お》こす。

解説

やぶ（草むら）をつついて、へびに噛《か》まれるという、余計《よけい》なことをしたせいで災難《さいなん》がふりかかることの例《たと》え。略《りゃく》して「やぶへび」ともいう。

せっかく仲直《なかなお》りしたんだから、余計《よけい》な一言で、やぶをつついてへびを出《だ》さないようにね。

類《るい》は友《とも》を呼《よ》ぶ

意味

同類《どうるい》のものは自然《しぜん》と集《あつ》まる。

解説

気の合《あ》った者《もの》や似《に》ている同類同士《どうるいどうし》は自然《しぜん》に寄《よ》り集《あつ》まるという考《かんが》え方《かた》から。

散歩《さんぽ》って最高《さいこう》！
共通《きょうつう》の話題《わだい》があると話《はな》しやすい。
類《るい》は友《とも》を呼《よ》ぶよね。

笑《わら》う門《かど》には福《ふく》来《き》たる

意味

いつもニコニコしていると幸運《こううん》がやってくる。

解説

笑《わら》いが絶《た》えない、いつも笑顔《えがお》でいる人は明《あか》るく、心《こころ》も平和《へいわ》。人からもおのずと好《す》かれ、助《たす》けてもらえる。その人の周辺《しゅうへん》にも幸《しあわ》せの連鎖《れんさ》が訪《おとず》れて、またその人にも幸福《こうふく》が返《かえ》って来《く》る。笑顔《えがお》でいれば、いいことがたくさんある、という教《おし》え。

笑う門には
福来たる！
きっといいことあるよ

［イラスト］影山直美
［デザイン］山本弥生
［ 校 正 ］鷗来堂

面白いイラストで覚えやすい!
柴犬で覚える慣用句・ことわざ辞典

2025年 2月28日　第1刷発行

発 行 人　山下有子

発　　行　有限会社マイルスタッフ
〒420-0865 静岡県静岡市葵区東草深町22-5 2F
TEL:054-248-4202

発　　売　株式会社インプレス
〒101-0051 東京都千代田区神田神保町一丁目105番地

印刷・製本　株式会社シナノパブリッシングプレス

乱丁本・落丁本のお取り換えに関するお問い合わせ先
インプレス　カスタマーセンター
FAX:03-6837-5023　service@impress.co.jp
※古書店で購入されたものについてはお取り替えできません。